Konrad Dietzfelbinger

Pythagoras – Spiritualität und Wissenschaft

Pythagoras
–
Spiritualität und Wissenschaft

Konrad Dietzfelbinger

Königsdorfer Verlag

1. Auflage 2005
Königsdorfer Verlag, 82549 Königsdorf 2005
www.koenigsdorfer-verlag.de
koenigsdorfer-verlag@web.de

ISBN 3-9807847-5-4

Umschlaggestaltung: Mirja Rudau
Illustration des Einbands aus: *The History of Philosophy*; von Thomas Stanley, 1655-1662, handkoloriert von Jim Harter

Herstellung und Druck: DigitalDruck AG
Printed in Germany

Bibliografische Information der Deutschen Bibliothek
Die Deutsche Bibliothek verzeichnet diese Publikation in der Deutschen Nationalbiografie, detaillierte bibliografische Daten sind im Internet über http://dnb.ddb.de abrufbar.

Inhalt

Pythagoras in spiritueller Perspektive

Im Gedächtnis der gegenwärtigen Menschen lebt Pythagoras als Begründer der rationalen Wissenschaften, vor allem der Mathematik. Den pythagoreischen Lehrsatz $a^2 + b^2 = c^2$: Die Quadrate der Katheten eines rechtwinkligen Dreiecks sind gleich dem Quadrat der Hypotenuse, hat jedermann mehr oder weniger begeistert in der Schule gelernt. Vielleicht weiß der eine oder andere von Pythagoras noch zu sagen, dass dieser die „Sphärenharmonien" gehört habe. Kaum einer kann sich darunter etwas Konkretes vorstellen. Aber irgendetwas Geheimnisvolles, ehrfürchtige Scheu Erregendes scheint mit dieser Fähigkeit verbunden zu sein. Und tatsächlich: Mit dieser Eigenschaft – die „Sphärenharmonien" zu hören –, ist die Beziehung zu einer spirituellen Dimension hergestellt, die nach des Pythagoras Selbstverständnis und nach dem Urteil seiner Zeitgenossen das Wesentliche an Pythagoras ausmachte.

Seine Beschäftigung mit den Wissenschaften ist kennzeichnend für ihn, noch kennzeichnender aber seine Fähigkeit, die „Sphärenharmonien" zu hören. Ebenso ist kennzeichnend seine Art, die beiden Fähigkeiten einander zuzuordnen: Die Wissenschaften können, auf eine bestimmte Weise betrieben, ein Hilfsmittel – unter anderen unbedingt erforderlichen Hilfsmitteln – sein, zu einem Bewusstseinszustand zu gelangen, in dem der Mensch die „Sphärenharmonien“ hören kann. Umgekehrt können sie dazu dienen, diesem inneren Zustand äußeren Ausdruck zu verleihen.

Um das Wesen des Pythagoras in erster Annäherung zu erfassen – so wie er sich selbst und wie ihn seine Zeitgenossen verstanden –, könnte man von zwei grundsätzlich verschiedenen Seinsweisen des Menschen ausgehen. Die eine Seinsweise ist die des normalen, „diesseitigen“ Menschen. Er greift mit seinem Willen, getrieben von Emotionen und Wünschen, nach den Gütern der Welt. Er setzt dazu seinen rationalen Verstand ein. Er definiert seine Zwecke und erfindet Mittel, um sie zu erfüllen. Dazu erwirbt er sich Wissen über die kausalen Zusammenhänge der sichtbaren Erscheinungen. Die systematisierten Erkenntnisse in dieser Hinsicht sind die Wissenschaft. Er glaubt, als bewusstes Ich sein Dasein steuern zu können. Er steht der Welt als einem Äußeren gegenüber, sucht sich in ihr zu behaupten und sie sich dienstbar zu machen.

Würde er aber einmal diesen Zugriff auf die Welt lockern, nicht mehr wünschen und wissen wollen, sondern nur aufmerksam darauf hören, was ihm die Welt oder sein eigenes Inneres sagen, so würde er ganz andere Dinge erleben. Er würde zunächst bemerken, dass sein bewusstes Ich keineswegs selbstständig und Herr im Haus ist. Er würde nämlich in Kontakt mit den Schichten des „Dämonischen“ treten, mit dem Jenseits: mit dem Verdrängten, dem „Schatten“, wie C. G. Jung das nennt, aber auch mit ganz unabhängig von ihm existierenden „dämonischen“ Kräften und Wesen, dem Unbewussten anderer Menschen, den toten Ahnen, den feinen Einflüssen der Planeten und kosmischen Felder. Er würde allmählich erkennen, dass er sich in einem Geflecht von Beziehungen zwischen inneren und äußeren Gegebenheiten befindet, das seinem bewussten Ich teils freundlich, teils feindlich gesinnt zu sein scheint. Die Alten nannten dieses Beziehungsgeflecht Schicksal.

Aber auch andere, noch tiefere Schichten würden in ihm zu sprechen beginnen, Schichten, aus denen Ruhe und Kraft zu ihm kommen, unzugänglich für seine rationalen Erwägungen und irrationalen Befürchtungen und Hoffnungen. Die Alten nannten diese Schichten das Göttliche oder Ewige. Es stellt eine Dimension dar, die dem rationalen Ich des Diesseits und dem irrationalen „Dämonischen“ des Jenseits inkommensurabel ist. Es ist nicht nur im Inneren des Menschen, sondern auch im Inneren aller Dinge und Wesen des Alls. Es ist intelligent auf die Entfaltung und Erhaltung des Wesentlichen in allen Dingen und Wesen bedacht und mit unerschöpflicher Energie ausgestattet, um diesem Wesentlichen allmählich die ihm entsprechende Ausdrucksform zu geben.

So wird, wenn der Mensch voraussetzungslos auf die äußere und innere Wirklichkeit zu hören beginnt, sein rationales Ich relativiert. Er erkennt, dass es wie eine Insel im ständig flutenden Ozean der irrationalen,

„dämonischen“ Kräfte ist, immer in Gefahr, von diesem verschlungen zu werden. Dadurch gerät ihm auch das Gesetz der Reinkarnationen in den Blick. Sein Ich mit all seinen Gewohnheiten, Einstellungen und Überzeugungen ist aufgebaut aus einem Beziehungsgeflecht aus äußeren und inneren rationalen und irrationalen Faktoren. Es ist ein Knoten in diesem Beziehungsgeflecht, der zu gegebener Zeit auch wieder aufgelöst wird, woraufhin die es bildenden Faktoren nach bestimmten Regeln einen neuen Knoten schürzen, ein neues Ich aufbauen. Das Bleibende in diesem Auf und Ab ist nur die ewige Schicht im Menschen, seine ihm in der Regel unbewusste ewige Seele, sein wahres Selbst.

Auf diese Weise wird ihm schließlich bestürzend klar, in welcher Situation er sich gegenwärtig befindet. Bewusst aufgehend in seinem begrenzten Ich und der Erscheinungswelt, unbewusst der Spielball „dämonischer“ Kräfte, ist er von seiner eigentlichen Heimat: der göttlichen Welt, in der er Ruhe finden würde, abgeschnitten. Sie ist ihm nicht bewusst und daher auch nicht direkt in seinem Leben wirksam. Ihre Ordnung prägt sein Leben nicht. Es wird von den sehr relativen Überlegungen des rationalen Ich im Diesseits und den irrationalen Einflüssen des Jenseits geprägt.

Bei der ersten, rationalen Seinsweise tritt der Mensch als Ich der Welt wie etwas Äußerem gegenüber. Öffnet er sich dabei für das „Jenseits“, das

„Dämonische“, erlebt er die Welt der feinen Energien, das Reich der Toten, die „Unterwelt“ nach dem Sprachgebrauch der Alten. Das Erleben dieser Welt setzt zwar eine zeitweise Auflösung der festen Ichstrukturen voraus. Doch ist auch sie, wie das Diesseits, vergänglich.

Bei der zweiten, spirituellen Seinsweise dagegen erkennt und erlebt der Mensch die Beziehungen, die sein Inneres mit dem Inneren der Welt verbinden, und lebt aus diesen Beziehungen. In den Dingen und Wesen der Welt, vom Stein über Pflanze, Tier, Mensch, Dämon und Engel bis zu Gott, wirken spirituelle Kräfte und Gesetze, die auch im Menschen selbst wirken und durch die er mit der göttlichen Welt verbunden ist. Sie durchziehen wie Energieströme die Welt und ihn selbst. Er ist darin eingebettet, und nimmt daher die Welt wie von innen her wahr. Die Kräfte der Welt und seines eigenen Inneren teilen sich seinem Bewusstsein mit.

In der Seinsweise des rationalen Ich ist der Mensch von äußerem Wissen: Rationalität, von Wünschen und Interessen: Emotionalität, und von entsprechendem Handeln: Aktivität, bestimmt. Nimmt er Kontakte zum Jenseits auf, wird er zum Gefangenen der Einflüsse des Jenseits. Nur in der zweiten Seinsweise ist er ganz bei sich. Denn dann wirkt sein wahres, spirituelles Selbst in ihm. Mit diesem spirituellen Kern gehört er zur göttlichen Welt, lebt aus ihr, ist mit sich im Einklang und darum frei.

Das ich-gesteuerte Sein schließt das selbst-gesteuerte aus. Denn der von äußerem Wissen, Emotionen und Zugreifen bestimmte Mensch wird die Stimmen der inneren Kräfte, sowohl im eigenen Wesen als auch in der Welt, nicht hören können. Das selbst-gesteuerte Sein aber schließt das Ich-Dasein mit ein, sofern das Ich seinen Anspruch, der alleingültige Maßstab zu sein, aufgibt und zu „hören" beginnt. Denn das Selbst gehört der tiefsten Schicht des Seins an, die alle anderen Schichten, Diesseits und Jenseits, mit umfasst.

Pythagoras ist ein Muster für dieses selbst-gesteuerte, spirituelle Sein, dem das Ich-Dasein samt dem Jenseits eingeordnet ist. Er pflegte die Menschen mit einer Volksmenge auf einem Fest zu vergleichen. „Der Mensch (tritt) ins Leben wie die Volksmenge zu den Festveranstaltungen", die einen „von Gier nach Geld und Schwelgerei" getrieben, die anderen „hält die Sehnsucht nach Herrschaft und rasender Ehrgeiz im Bann". Dann aber gibt es noch diejenige Menschenart, welche das „Anschauen der schönsten Dinge" erwählt hat. Sie nennt Pythagoras die philosophische (J 58)[1]. Das „Anschauen der schönsten Dinge" ist ein Sein, in dem dem Menschen Erkenntnis der den Kosmos durchziehenden Intelligenz, Erleben der alles Sein erhaltenden Kräfte und die Fähigkeit zuteil wird, nach dieser göttlichen Ordnung und diesen göttlichen Kräften zu handeln. Denn „die Schönheit der

Welt rührt daher, dass die Welt an dem Ersten Wesen, das nur im Denken erreichbar ist, Anteil" hat (J 59).

Mit diesem Denken, durch das das Höchste Wesen erreichbar ist, meint Pythagoras einen Bewusstseinszustand, der auf dieses Wesen ausgerichtet ist und seine Botschaften empfangen kann – der die „Sphärenharmonien" hören kann. Dieser Bewusstseinszustand ist „philo-sophisch", nämlich „Liebe (philia) zur Weisheit (sophia)". Wer von allen trivialen Interessen an den Dingen der Erscheinungswelt frei ist, frei von „Gier nach Geld und Schwelgerei; von Sehnsucht nach Herrschaft und rasendem Ehrgeiz", dessen Seele befindet sich in einem Zustand der Ruhe. Sie kann nach den Sphärenharmonien horchen, sie sehnt sich nach Erkenntnis der Weisheit und Wahrheit, sie wartet geduldig darauf, dass sich diese Wahrheit ihr mitteile. Das ist Liebe zur Weisheit, Philosophie. Jamblichos, ein Biograf des Pythagoras, schreibt: „Pythagoras soll sich als erster einen ‚Philosophen' genannt haben" (J 58).

Es wäre möglich, Pythagoras und sein Werk ausschließlich „wissenschaftlich" darzustellen: von außen. Es würden dann seine Leistungen als Wissenschaftler und Gründer einer wissenschaftlichen „Schule" im Vordergrund stehen. Aber seine eigentliche Bedeutung und Wesensart wäre dadurch nicht erkannt. Pythagoras ist, in seinem Verständnis und dem seiner Zeitgenossen, ein Repräsentant der Welt des Spirituellen. All sein wissenschaftliches Denken und seine organisatorischen Leistungen stehen im Dienst dieser Eigenschaft. Es soll daher in diesem Buch versucht werden, Pythagoras aus dieser Perspektive zu schildern. Nur so wird man der Persönlichkeit und ihrem Werk gerecht. Damit wird auch eine Seinsweise vorgestellt, die dem modernen Menschen, der der ausschließlich rationalen Seinsweise allmählich überdrüssig und sich der Fragwürdigkeit eines Experimentierens mit jenseitigen Energien ohne spirituelle Grundlagen immer mehr bewusst wird, vielleicht als neue Lebensperspektive einleuchtet. Es ist eine spirituelle Seinsweise, keineswegs eine irrationale. Und das Rationale ist in sie mit eingeschlossen.

Pythagoras

Die Quellen

Es gibt relativ viele, mehr oder weniger zuverlässige Quellen über Leben und Werk des Pythagoras. Die ausführlichste ist Jamblichos, „Vom pythagoreischen Leben“[1], danach kommen des Porphyrios „Leben des Pythagoras“[2] und des Diogenes Laërtios Darstellung des Pythagoras in dem Werk „Leben und Meinungen der Philosophen“[3]. Wenn man weiß, dass alle drei Autoren im 3. bzw. 4. Jahrhundert nach Christus lebten und schrieben, also sieben bis acht Jahrhunderte nach Pythagoras, wird man sich fragen, ob ihre Berichte zuverlässig sind. In der Tat gibt es so manchen Widerspruch in ihren Angaben, nicht nur von Autor zu Autor, sondern sogar bei ein- und demselben Verfasser. Die Bedenken werden aber durch die von der Forschung zweifelsfrei festgestellte Tatsache gemildert, dass in diesen jüngeren Texten weit ältere Berichte verarbeitet worden sind, die bis auf die Generation der Schüler und Schülersschüler des Pythagoras zurückgehen. Weil mehrere solcher Berichte zum Beispiel von Jamblichos unverbunden nebeneinander zitiert werden, ergeben sich die Widersprüche in seinem Buch.

Es handelt sich bei diesen älteren Quellen um Aristoteles, die Historiker Timaios von Tauromenion (Ende des 4. Jahrhunderts vor Christus) und Dikaiarchs, sowie den Musiktheoretiker Aristoxenos (dto). Auch in manchen Dialogen des etwa 150 Jahre nach

Pythagoras lebenden Platon, der mit dem Pythagoreer Archytas von Tarent befreundet war, sind pythagoreische Gedanken verarbeitet. Aristoteles verfasste ein verloren gegangenes Buch „Über die Pythagoreer" (DL 34) und berichtet in seiner „Metaphysik" ausführlich über die Lehren der Pythagoreer. Nikomachos von Gerasa (wohl 1. Jahrundert nach Christus) und Apollonios von Tyana (1. Jahrhundert nach Christus) schrieben Pythagoras-Biografien, aus denen Jamblichos und Porphyrios ebenfalls große Teile übernommen haben. Diese Biografien müssen ihrerseits auf sehr alte, der Zeit des Pythagoras nahestehende Quellen zurückgehen.[4]

Hat Pythagoras selbst Bücher geschrieben? Höchstwahrscheinlich. Diogenes Laërtios etwa schreibt: „Pythagoras hat drei Schriften verfasst, nämlich zur Erziehung, zur Politik und zur Naturphilosophie." Nach einem Gewährsmann des Diogenes Laërtios sollen sich in der Bibliothek von Alexandria im Jahre 170 vor Christus noch mindestens sechs Bücher des Pythagoras befunden haben (DL 6 und 7). Gewiss ist aber, dass die unmittelbaren Nachkommen und Schüler des Pythagoras, seine Tochter Damo etwa, die von ihm vermittelten Lehren teilweise aufgeschrieben und zunächst geheim weitertradiert haben. Es ist bekannt, dass Platon seinen Freund Dion in Sizilien beauftragte, ihm drei pythagoreische Bücher um den horrenden Preis von 100 Minen zu besorgen (J 199).

Über all diese biografischen und Lehrwerke hinaus gibt es Zeitgenossen des Pythagoras, die sich in der einen oder anderen Hinsicht kritisch oder anerkennend über ihn geäußert haben. Auch aus diesen Äußerungen lassen sich Rückschlüsse auf Leben und Werk des Pythagoras ziehen. Es handelt sich unter anderem um Xenophanes, Heraklit, Herodot und Empedokles.

Es sind uns also reichlich Zeugnisse über Pythagoras erhalten, mehr als über viele andere große Männer der Antike in diesen Jahrhunderten. Die modernen Forscher haben diese Zeugnisse untersucht und versucht, ein möglichst klares Bild vom Leben des Pythagoras zu zeichnen. Aber es finden sich, wie gesagt, Widersprüche und unterschiedliche Angaben in diesen Zeugnissen. Die Datierung so manches Lebensabschnittes oder -ereignisses kann nur indirekt erschlossen werden und hängt davon ab, wie man widersprüchliche Angaben gewichtet. Eine zusammenhängende, alle vorhandenen Quellen kenntnisreich benützende Darstellung gibt im 19. Jahrhundert Eduard Röth[5], im 20. Jahrhundert B. L. van der Waerden[6]. Wir werden den Diskussionen der Forscher im allgemeinen nicht im einzelnen folgen, sondern uns jeweils an das Wahrscheinlichste halten.

Die geschichtliche Umgebung

Geboren wurde Pythagoras im Jahre 569 vor Christus auf der Insel Samos. Bei Berücksichtigung aller Quellen ist dieses Geburtsjahr das wahrscheinlichste. Samos war damals ein reicher, blühender Insel-Stadtstaat. Neben Milet und Aigina lag der Handel zwischen Ägypten und Griechenland vor allem in den Händen der samischen Kaufleute und Seefahrer, die in Naukratis in Ägypten sogar eine ständige Niederlassung besaßen. Denn die ägyptischen Könige – ab 570 Amasis – hatten sich mit Hilfe griechischer Söldner ihre Herrschaft erkämpft, waren weiter auf die Griechen angewiesen und suchten deren Macht auch im Handel zu fördern. Kunst und Architektur blühten auf Samos. Der dortige Tempel war der größte Heratempel der damaligen Zeit.

Politisch gesehen war es eine Epoche, wo überall im Mittelmeerraum die alte aristokratische Herrschaftsform, meist mit einem König an der Spitze, durch Emporkömmlinge, Tyrannen, die sich auf das Volk stützten, in Frage gestellt wurde. In Ägypten herrschte der Tyrann Amasis, in Athen Peisistratos, und auf Samos hatte sich Polykrates der Ältere, Vater des aus dem Gedicht Schillers („Der Ring des Polykrates“) berühmten Polykrates, der Herrschaft bemächtigt.

Samos lag im Einflussbereich der größten Kulturen der damaligen Zeit. Seine Künstler und Weisen hatten sich in Ägypten, dem Land der Mysterien und uralten Weisheit, Anregungen geholt. Memphis, Theben und Heliopolis waren die drei miteinander wetteifernden Städte Ägyptens, in denen Priester und Hierophanten besondere Schulen und Einweihungsstätten unterhielten. Es waren nicht nur Hochburgen der Religion, sondern auch der Wissenschaften, vor allem Geometrie und Astronomie.

Auf dem Weg von Griechenland nach Ägypten lag Phönizien, berühmt für seine Seefahrer und Nautiker, berühmt auch wegen der dort besonders gepflegten Zahlenlehre und Arithmetik. Sicher gab es auf Samos auch Einflüsse der persischen Kultur, deren Schwerpunkt in Babylon lag. Die chaldäischen und persischen Weisen waren vor allem als Magier und Sternkundige bekannt. Wohl im 6. Jahrhundert lebte im Iran Zarathustra, der der uralten persischen Licht- und Feuerreligion, charakterisiert durch den Kampf zwischen Licht und Finsternis, im Awesta eine neue Form gab. In den ionisch-griechischen Städten, an der Westküste der heutigen Türkei, entfaltete sich die ionische Naturphilosophie, ein Versuch, die Welt, die bisher mythisch interpretiert worden war, begrifflich zu verstehen.

Überhaupt war diese Zeit weltweit durch einen einschneidenden geistesgeschichtlichen Umbruch charakterisiert. Überall versuchte man das mythische Weltverständnis durch ein dem Denken begreifbares Weltbild wenn nicht abzulösen, so doch zu vertiefen.

Ein neues Bewusstsein wollte in der Menschheit entstehen. Ganz im Osten, in China, fasste Lao tse im Tao te King alles, was Inspiration und Offenbarung dem Menschen bisher gesagt hatten, in kurzen, dem Verstand nachvollziehbaren Formeln zusammen. In Indien trat Buddha, der Erleuchtete und Erhabene, auf und schenkte dem Menschen bewusste, im Denken erkennbare Einsicht in seine Situation und das Ziel seines Lebens. Das geschah teils vor dem Hintergrund der alten, auf mythischen Grundlagen beruhenden Opferreligion der Brahmanen, teils in kritischer Auseinandersetzung mit ihr. Ähnliches leistete Zarathustra in Persien, Ähnliches die Propheten in Judäa und Israel.

Karl Jaspers sprach in diesem Zusammenhang von der „Achsenzeit" der Menschheit. Was bisher nur mythisch erlebt und rituell-magisch zum Ausdruck gebracht worden war, das wurde jetzt dem sich entwickelnden Denken zugänglich und erhielt dadurch eine neue Dimension und Energie. Ein entscheidender Schritt in der Bewusstseinsentwicklung der Menschheit in Richtung auf Selbstständigkeit und Individualisierung wurde getan. Ein höchst gefährlicher Schritt aber auch. Denn das rationale Denken ist immer geneigt, sich zu verabsolutieren und nur noch sich selbst zu vertrauen. Es möchte die Dinge in den Griff bekommen – und koppelt sich damit von seinen spirituellen und mythischen Grundlagen ab, statt diese

Grundlagen zu erkennen und sich von ihnen leiten zu lassen.

Pythagoras steht genau an dieser entscheidenden Bewusstseinswende der Menschheit. Darin liegt seine Bedeutung. Er sah es als seine Aufgabe an, Inhalte der uralten Mysterienreligionen seiner Zeit, die überall im Mittelmeerraum blühten, die Inhalte eines mythischen und magischen Weltverständnisses also, ins begriffliche Denken aufzunehmen und dadurch neu zu beleben. War bisher der Mensch in diese Religionen kollektiv und wie passiv eingebettet gewesen, so sollte er jetzt bewusst und individuell verantwortlich die Mysterien des Daseins erleben und in seinem Leben nachvollziehen.

Das Wesen

Der Vater des Pythagoras war Mnesarchos, ein reicher, angesehener Kaufmann, mit dem schon der junge Pythagoras viel reiste und die Welt kennen lernte. Die Mutter des Pythagoras war Pythais. Später entstand eine Legende von der göttlichen Abkunft des Pythagoras.

Jamblichos zitiert sie: „Apollon habe damals der Parthenis (Pythais) beigewohnt, sie selbst schwanger gemacht“ (J 7). Pythagoras also aus einer Jungfrau (griechisch: Parthenos) geboren und von einem Gott gezeugt! Was ist von dieser Legende zu halten? Was für ein Wesen wurde da geboren, dass man seiner Mutter eine unbefleckte Empfängnis zuschrieb und seinen Vater als Gott, oder Geist, bezeichnete?

Wenn heute ein mit besonderen Fähigkeiten ausgestatteter Mensch auftritt – Künstler, Staatsmann, Heiliger, Philosoph, Wissenschaftler –, sprechen wir von einem „Genie“, einem besonderen Genius, der in diesem Menschen wirke. Aber wie erklären wir uns das? Als besondere Kombination von mütterlichen und väterlichen Genen? Als zufällige Mutation? Solche „Mutationen“ wären dann doch viel zu häufig, als dass der statistische Zufall die Ursache sein könnte. Und wie würden wir die Struktur und Wirkung dieser speziellen Genkombinationen oder Mutationen beschreiben? Wir wären ratlos.

Die Alten aber gingen davon aus, dass jeder Mensch einen ursprünglichen und ewigen, aus der Welt des Geistes stammenden Geistkern besitzt, der immer wieder in einem sterblichen, vergänglichen Menschen inkarniert. Pythagoras selbst sagte von sich, die vorherige Verkörperung seiner Seele (seines Geistkerns) sei ein gewisser Euphorbos gewesen, „der Sohn des Panthoos“, der Überwinder des Patroklos (P 26). Diese unsterbliche Seele macht in der jeweiligen Inkarnation Erfahrungen. Sie verstrickt sich entweder immer tiefer in die irdische Welt, in der ihr Instrument, der sterbliche Mensch, lebt, oder konzentriert sich immer mehr auf die Welt des Geistes und löst dadurch ihre Verstrickungen in die irdische Welt. Seelen, die sich der Welt des Geistes im Lauf ihrer Inkarnationen immer weiter geöffnet haben, sind in der Lage, besser als andere die Kräfte und Ordnung der Welt des Geistes zu erkennen – und wiederzugeben: als Handelnde, Denkende oder künstlerisch Schaffende. Sie geben sie wieder in der irdischen Welt und durch die Begriffe, Bilder und Möglichkeiten der irdischen Welt. Aber was in ihnen wirkt, sind die Kräfte und Ordnung der Welt des Geistes.

Pythagoras war nach dieser Anschauung ein Mensch, der in ganz besonderer Beziehung zum Göttlichen, der Welt des Geistes, stand, schon von Geburt an. Mit dem Embryo im Mutterleib verband sich, wie bei jedem Menschen, der ewige Geistkern, der aber bei Pythagoras, anders als bei gewöhnlichen Menschen, der Geistwelt schon weitgehend geöffnet war. Der biologische Körper des Pythagoras ging aus den biologischen Eltern hervor. Aber das mit diesem Körper verbundene Wesen stand von Anfang an in einem besonderen Verhältnis zur Geistwelt. Es war von der geistigen Welt mit der „jungfräulichen" Weltseele gezeugt worden. (Die Weltseele ist „jungfräulich" deshalb, weil sie für keine Einflüsse aus der vergänglichen Welt empfänglich ist.) So konnte die Mutter des Pythagoras, „Parthenis" (Parthenos), zum Bild für die jungfäuliche Weltseele werden, die den Geist, Apollon, empfing und einen spirituellen Genius hervorbrachte, ein Wesen, das unmittelbar aus dem göttlichen Geist lebte. Ähnliches wird ja von Jesus berichtet. Seine Mutter Maria wurde vom heiligen Geist „schwanger" und gebar einen „Sohn Gottes". Als irdische Frau brachte sie einen von Joseph, dem irdischen Mann, gezeugten irdischen Körper zur Welt. Aber in diesem irdischen Körper wohnte ein Wesen, das in besonderer Beziehung zur Geistwelt stand. Es war aus der jungfäulichen Weltseele und dem göttlichen Geist geboren – ein Gottessohn. „Maria" ist Symbol für diese jungfräuliche Weltseele, die vom Geist befruchtet wurde.[7]

Das Auftreten eines solchen spirituellen Genius ist, nach Auffassung der Alten, kein Zufall, schon gar nicht eine zufällige Genkombination oder -mutation. Er inkarniert nämlich zu einem Zeitpunkt, der seiner schon eng mit dem Geist verbundenen Seele weitere

Entfaltungsmöglichkeiten schenkt. Er will die aus der Geistwelt empfangenen Kräfte anderen dafür empfänglichen Menschen mitteilen, um auch ihnen die Möglichkeit zu geben, sich aus ihren Verstrickungen in die vergängliche Welt zu lösen und immer mehr der geistigen Welt zu öffnen. Indem ein solcher Mensch seine geistigen Kräfte anwendet, entwickeln sie sich weiter.

Zugleich erfolgt seine Inkarnation im Einklang mit den Gesetzmäßigkeiten und Intentionen der geistigen Welt. Denn auch deren Bewohner sind an der Lösung aller in die Zeitlichkeit verstrickten Menschen aus dieser Zeitlichkeit und an der Entfaltung und Weiterentwicklung von deren Geistkern interessiert. Sie suchen nach Gelegenheiten, diese Entfaltung zu fördern und Wesen aus ihrer Mitte zur Inkarnation und Hilfestellung für andere zu veranlassen. Pythagoras galt daher als „Gesandter" der geistigen Welt. In diesem Sinn charakterisiert ihn Jamblichos als einen Gott, „der den damals Lebenden in Menschengestalt erschienen sei, um dem todgeweihten Leben aufzuhelfen, es zurechtzubringen und um der vergänglichen Natur den heilbringenden Funken der Glückseligkeit und der Philosophie gnadenvoll zu bescheren" (J 30).

Wenn eine mit dem Geist schon im Mutterleib verbundene Seele wie die des Pythagoras in den Körper einer sterblichen Persönlichkeit inkarniert, schließt sich zunächst der vergängliche Leib wie eine schwer zu durchdringende Hülle um sie. Prinzipiell bleibt ihre Verbindung mit der Geistwelt erhalten, doch ihr Bewusstsein wird vorläufig durch die Sinneseindrücke und Schicksalseinflüsse der vergänglichen Welt wie das jedes neugeborenen Menschen beansprucht. Es dauert eine gewisse Zeit, bis sich die in dieser Seele wirksame Geistwelt an die Oberfläche gerungen hat, in ihr wieder bewusst wird und sich von den Einflüssen der vergänglichen Welt gelöst hat. Eine solche Seele wird schon von Kindheit an von einem unstillbaren Drang nach Wahrheit und nach den verborgenen Seiten der Wirklichkeit erfüllt sein. Sie möchte sich der Geistwelt und ihrer selbst bewusst werden, sie möchte erkennen, was die Welt im Innersten zusammenhält.

Die Reisen

Deshalb berichten Porphyrios und Jamblichos davon, wie sich Pythagoras schon als 18-jähriger zu dem Philosophen Pherekydes nach Lesbos begab, der ein Buch über „Natur und Götter“ verfasst hatte, und zwei Jahre bei ihm lernte, und wie er sich dann mit Thales auseinander setzte, dem großen, in Milet wohnenden und damals schon an die 90 Jahre alten Naturphilosophen. Als erster Grieche betrieb Thales, nachdem er seine Ausbildung in Ägypten erhalten hatte, wissenschaftliche Astronomie und berechnete sogar eine Sonnenfinsternis voraus. Auch den Naturwissenschaftler und Philosophen Anaximander soll Pythagoras aufgesucht haben, um danach, wie Jamblichos erzählt, die Zahlenlehre von den Phöniziern, Geometrie und Astronomie von den Ägyptern und Chaldäern und Musik und übrige Wissenschaften von den persischen Magiern zu erlernen.

Aber des Pythagoras Reisen nach Phönizien, Ägypten und Babylonien hatten noch ein anderes, größeres Ziel. Seine spirituellen Anlagen wollten zu ihrem Recht kommen und sich entfalten. Dies, so scheint er empfunden zu haben, ließ sich nicht über die Durchdringung der Geheimnisse der Sinnenwelt mittels des Intellektes erreichen. Der Intellekt zeigt dem Menschen die kausalen Zusammenhänge seiner Welt. Zur Erkenntnis der spirituellen Zusammenhänge dagegen bedarf es der Entfaltung eines anderen, spirituellen Organs: eines Bewusstseins, das aus der Geistwelt aufgebaut, genährt wird und schließlich auch in die Geistwelt zu blicken vermag. Eine solche Entfaltung ist nichts anderes als der Mysterienweg, der Weg der Einweihung, der Entschleierung der Mysterien. Und da in Pythagoras dieses Organ schon weitgehend wachgeworden war, drängte es ihn unwiderstehlich auf einen solchen spirituellen Weg.

Der moderne Mensch ist skeptisch gegenüber dieser Möglichkeit. Er vertraut allein auf seinen Verstand, seine Sinne und seine Forschungsinstrumente und versucht, Mensch, Welt und Leben durch Wissen zu verstehen, ja zu verändern. Er häuft Wissen an, macht sich das Leben durch Technik bequemer oder komplizierter, und bleibt dabei doch selbst immer der Alte: ein in der Welt der Erscheinungen herumirrendes, hoffendes, fürchtendes, planendes Ich, das dennoch stets die Bodenlosigkeit dieser Erscheinungswelt ahnt. Was ist vor der Geburt, was nach dem Tod? Was hat es mit dem Schicksal auf sich?

Die Alten aber wussten von der Tatsache einer spirituellen Anlage im Menschen, die mit der spirituellen Welt korrespondiert. Aus dieser Geistwelt stammt er seiner eigentlichen Identität nach. Doch hat er das Bewusstsein von ihr durch das Eintauchen in die Erscheinungswelt und die völlige Konzentration auf diese im Allgemeinen verloren. Deshalb irrt er mit einer sehr begrenzten Ich-Identität in dieser irdischen Welt ziellos umher. Weil er seine wahre Identität in der spirituellen Welt nicht kennen will und in Selbstbehauptung und Selbstüberschätzung alles von der Erscheinungswelt erwartet, liefert er sich den Gesetzen der Erscheinungswelt aus. Er ist Krankheiten, Alter, Verfall und Tod und Schmerzen mannigfacher Art unterworfen.

Diese Heimsuchungen aber können ihn zum Erwachen bringen und zur Suche nach seiner eigentlichen Identität veranlassen. Wir seien zur „Züchtigung“ in die Welt gekommen, sagt Pythagoras (J 85): Das Leben ist in seiner Unvollkommenheit und Vergänglichkeit die Folge dessen, dass der Mensch seine wahre Identität und den Einklang mit der spirituellen Welt verloren hat. Es kann ihm aber gerade durch seine Unvollkommenheit auch zur Einsicht in diesen Verlust verhelfen, zur Einsicht in den Irrtum, alles von der Erscheinungswelt erwarten zu wollen. Dann wird er danach suchen, wie er sich von diesem Irrtum befreien und zu seiner wahren Identität gelangen kann. Und er wird entdecken, dass dies nur durch Entfaltung der in ihm verschütteten Anlage zum spirituellen Leben möglich ist: durch das Gehen des Mysterienweges.

Dabei geht es nicht um Anhäufung von Wissen, sondern um Erfahrungen mit dem eigenen Wesen. Es gilt, Erfahrungen zuzulassen, die aus der spirituellen Anlage im Herzen ins Bewusstsein aufsteigen. Das ist die allmähliche Bewusstwerdung von Eigenschaften, die dem Betreffenden bisher verborgen waren, und die Entfaltung eines inneren, spirituellen Zustandes, der zugleich neue Wahrnehmungsmöglichkeiten auch in der Außenwelt eröffnet. Hat der Mensch einmal diesen neuen Zustand entfaltet, wird er sich der Geistwelt und der spirituellen Grundlagen der Erscheinungswelt bewusst und lebt zunehmend aus diesem Bewusstsein. Das ist Einweihung: allmähliches Bewusst- und Wirksamwerden der spirituellen Tiefen und Möglichkeiten des Menschen. Bedingung dafür ist, dass sich der Mensch der Relativität der Erscheinungswelt und seines Lebens darin vollkommen bewusst wird und sich allmählich der Herrschaft seiner Motive in dieser Welt entzieht, um sich immer mehr von den Kräften und der Ordnung der Geistwelt leiten zu lassen. Auch dies ist der Sinn des Ausspruches von Pythagoras: „Zur Züchtigung (sind wir) in die Welt gekommen." Das Leben dient dazu, dass der Mensch die schweren Aufgaben, die ihm das Schicksal stellt, anzunehmen lernt und so bearbeitet, dass keine neuen Verstrickungen in die Welt der Erscheinungen mehr entstehen, die alten aufgelöst werden und Raum für neue Erfahrungen geschaffen wird.

Zu einem solchen Mysterienweg bedarf es der Anleitung und Kraftzufuhr. Seit alters hat es daher Mysterienschulen und Priester- oder Prophetenschulen gegeben, in denen Menschen auf der Suche nach ihrer wahren Identität gefördert wurden. Das kann dadurch geschehen, dass die Gesetze der geistigen Welt und des Weges dorthin dem Schüler durch Bilder, Rituale und Begriffe immer wieder vor Augen gestellt werden. Auf diese Weise bewegt er sich in einem Umfeld, das die spirituellen Erfahrungen in ihm anregt und nährt. Es schützt ihn vor allen zwingenden Einflüssen der Erscheinungswelt, so lange, bis er auf eigenen Füßen stehen kann und sich nicht mehr vom Getriebe der vergänglichen Welt vereinnahmen lässt.

Pythagoras also suchte, getrieben von dem unwiderstehlichen spirituellen Ruf aus seinem Innern, nach Mysterienschulen, die ihm bei der Entfaltung seines eigentlichen Selbst Hilfestellung geben konnten. Diogenes Laërtios berichtet, Pythagoras „ließ sich in alle griechischen und nichtgriechischen Mysterien einweihen und kam auch nach Ägypten ... Auch war er bei den Chaldäern und Magiern“ (DL 3). Jamblichos schreibt, Pythagoras weilte in Ägypten „in den allerheiligsten Gemächern bei Sternkunde und Geometrie und empfing ... die Einweihung in alle Göttermysterien“ (J 19). Er erfuhr, „was die Seele sehend macht, was den Geist reinigt von der Verblendung durch die anderen Bestrebungen (die auf die Erscheinungen gerichteten Wünsche), so dass dieser die wirklichen Prinzipien und Urgründe des Alls zu erkennen vermag.“

Denn der Geist „sieht alles und hört alles; alles übrige ist blind und taub“, ergänzt Porphyrios.

Mit 22 Jahren wurde Pythagoras zunächst Priester in Sidon in Phönizien. Das bedeutet, dass er sich endgültig der spirituellen Welt zuwandte und ein Leben für sich selbst und für andere zu führen versuchte, das vor allem von den Kräften der spirituellen Welt gespeist war. Hintergrund der phönizischen Weihen aber waren die ägyptischen Priesterschulen, weshalb es nur folgerichtig war, dass Pythagoras sich alsbald auch nach Ägypten begab. Er erlernte dort die „Geheimwissenschaften der Priester", und zwar in Theben, nachdem er vorher in Heliopolis und Memphis vergeblich um Einlass zu den Mysterienstätten gebeten hatte.

Die „Geheimwissenschaften der Priester" waren einerseits die Mysterienlehren und das Wissen von der kultischen und rituellen Praxis, durch die der Mensch zu eigenen Erfahrungen der spirituellen Wahrheiten kommen konnte, andererseits kosmologische, anthropologische und soziologische Erkenntnisse, die für uns Heutige abgelöst von ihrem spirituellen Hintergrund existieren und ein Eigenleben gewonnen haben, damals aber in engstem Zusammenhang damit standen. Astronomie, Musik, Architektur, Geometrie, Mathematik, Medizin und Psychologie haben sich heute verselbstständigt, damit aber auch den spirituellen Bezug verloren, der ihnen überhaupt erst wirkliches Leben einhauchen und Sinn über eine bloße Beherrschung der Natur hinaus geben könnte.

In der antiken Welt dagegen waren all diese Wissenschaften aus der Erfahrung der spirituellen Gesetzmäßigkeiten der Welt geboren, die auch den naturwissenschaftlichen Gesetzmäßigkeiten Zusammenhang und Bedeutung vermittelten. Sie standen alle, neben rein praktischen Anwendungsmöglichkeiten, im Dienst der Bewusstseinsentwicklung des Menschen und der Menschheit. Insofern kann man bei den ägyptischen Priesterschulen von „Priesteruniversitäten"[8] sprechen, an denen alles Wissen der damaligen Zeit gehütet und weiterentwickelt wurde, die aber primär die Entfaltung des spirituellen Kerns des Menschen förderten. Ein Nebenergebnis dieser Entfaltung waren die Wissenschaften. Umgekehrt konnten sie aber, waren sie einmal formuliert, mittels Analogien eine Brücke zu den spirituellen Erkenntnissen bilden.

Nach seinem Aufenthalt in Ägypten soll Pythagoras auch nach Babylonien gegangen sein und dort die Weisheitslehren der chaldäischen Magier und persischen Weisen in sich aufgenommen haben. Jamblichos gibt für die Zeit in Ägypten 22 Jahre an und berichtet, Pythagoras sei vom Perserkönig Kambyses, der 525 Ägypten eroberte, nach Babylon verschleppt worden, wo der große Weise weitere 12 Jahre verbracht habe. Diese Angaben widersprechen allerdings anderen, nach denen Pythagoras schon im Jahr 532, dem Jahr der 62. Olympiade (J 35), nach Unteritalien kam. Es könnte sein, dass die Zahlen 22 und 12 symbolisch zu nehmen sind. 22 Buchstaben hatten das phönizische und hebräische Alphabet. Sie galten als die Grundbausteine des Alls, die Gesamtheit aller Elemente, die die Welt aufbauen. Möglicherweise soll die Zahl der 22 Jahre ausdrücken, dass Pythagoras in Ägypten wirklich alle – 22 – Aspekte der spirituellen und Erscheinungswelt kennen gelernt hat. Und 12 gilt als Zahl eines vollkommenen, in sich abgeschlossenen Zeitzyklus, womit gesagt wäre, dass Pythagoras in Babylonien einen vollen Zyklus innerer Entwicklung absolviert hat. Wie auch immer: Fest steht, dass Pythagoras im Orient einen vollständigen Einweihungsweg durchlaufen und dabei auch alle wissenschaftlichen Kenntnisse der damaligen Zeit erworben hat.

Aber als ob ihm Wissen und Weisheit immer noch nicht genügt hätten, suchte er auch die griechischen Mysterienstätten auf: Kreta, wo die Mysterien des „toten und wiederauferstandenen Zeus“ gefeiert wurden, Delphi, wo man Dionysos und Apollon verehrte – Dionysos, der von den Titanen zerrissen worden, dann aber wiedergeboren war –, Thrakien mit den von Orpheus gestifteten Mysterien – Orpheus war in die Unterwelt hinabgestiegen und wieder heraufgekommen –, schließlich Samothrake mit seinem Kabirenkult.

All diese Mysterien erinnern an den Osirismythos in Ägypten. Osiris wird von seinem Widersacher Seth zerstückelt. Isis, seine Gemahlin, klagt um ihn, bringt einen Sohn Horus zur Welt, und dieser überwältigt Seth und ermöglicht Osiris, der bis dahin im Totenreich verweilt hat, die Ganzwerdung und Wiederauferstehung. In all diesen Mythen wird der Mysterienweg dargestellt: Im Menschen ruht ein Gott, ein göttliches Prinzip – Osiris, Dionysos, Orpheus, wie auch immer. Er ist im gegenwärtigen Menschen durch die Kräfte der Erscheinungswelt unwirksam gemacht worden. Das Bewusstsein des sterblichen Menschen hat seine ursprüngliche Einheit verloren und ist „zerstückelt", nämlich auf die unzähligen Bruchstücke der Erscheinungswelt verteilt. Aber durch eine göttliche Seelenkraft – in Ägypten Isis, in Eleusis Demeter – kann dieser Gott, das spirituelle Bewusstsein, wiedergeboren werden. Es überwindet als der Gottessohn Horus die Bindung des Menschen an die Erscheinungswelt – Seth –, wird wieder ganz, steigt als Osiris aus der Unterwelt, dem Unbewussten, in das es hinabgesunken war, ins helle Bewusstsein empor und wird dort aufs neue wirksam.

Warum hat wohl Pythagoras all diese Mysterienvarianten erforscht? Hatte er auf dem ersten Weg, zum Beispiel in Ägypten, die erlösende Einswerdung mit der Welt des Geistes nicht erlebt, und suchte sie jetzt auf dem nächsten Weg, um, wieder enttäuscht, unersättlich zur nächsten Mysterienstätte weiterzueilen? Solche Verhaltensweisen unverständiger Mysterienschüler kommen vor. Bei Pythagoras waren aber sicher andere Gründe wirksam. Er war ja ein Gesandter aus der Welt des Geistes. Sein Auftrag bestand darin, dass er andere auf dem Mysterienweg führte und in ihnen den noch schwach glimmenden göttlichen Funken anfachte. Dazu musste er alle ihm erreichbaren Mysterientraditionen kennen lernen, um dann, für seine Zeit und das geänderte Bewusstsein seiner Zeit, diejenige Form des Mysterienweges zu entwickeln, die unter den aktuellen Bedingungen die geeignetste war.

Die Erkenntnisse

Lässt sich beschreiben, welches Bewusstsein Pythagoras nach dem Beschreiten des Mysterienweges besaß? Wenn dieses Bewusstsein als Möglichkeit, ja Bestimmung, in jedem Menschen steckt, muss es sich zumindest ahnungsweise nachvollziehen und verdeutlichen lassen.

Die Zahl

Aristoteles hat einen Ausspruch von Pythagoras überliefert: „Die Zahl – es gleichet ihr alles“[9]. Pythagoras drückte die Ordnung der Welt, die er mit den Augen des Geistes wahrgenommen hatte, mit Hilfe von Zahlsymbolen aus. Zahlen waren ihm in diesem Zusammenhang keine quantitativen Begriffe zum Zählen und für mathematische Operationen, sondern Qualitäten. „Das ewige Wesen der Zahl ist der Ursprung, der alles vorausdenkt, der Ursprung des Allhimmels, der Erde und des dazwischenliegenden Naturbereichs. Es ist auch die Wurzel des Fortbestehens der göttlichen Menschen, der Götter und der Dämonen“ (J 146).

Die Eins stand Pythagoras für das „Prinzip aller Dinge, die Einheit“. „Eins: der Grund der Einheit, der Identität, der Gleichheit, die Ursache des Zusammenklingens und der Sympathie des Alls, der Bewahrung dessen, was die Identität unbeweglich erhält" (P 49).

Die Eins repräsentiert die Einheit und Ewigkeit, die alles umfasst und allen Dingen ihre Grundlage, Daseinsberechtigung und Daseinsmöglichkeit gibt. Sie ist das Prinzip des göttlichen Geistes, Urgrund der Welt und aller Geschöpfe. Zugleich verkörpert sie, zeitlich gesehen, den Urzustand der Welt, in dem alle Wesen und Dinge nur als Möglichkeiten vorhanden sind, als verborgene, noch nicht manifest gewordene Eigenschaften Gottes.

Diese Eins trägt von vornherein die Möglichkeit der Zwei in sich. Denn es sind zwei Pole in ihr angelegt. Im Urzustand der Welt sind sie nur latent vorhanden. In einem folgenden Zustand, der durch die Zwei repräsentiert wird, werden sie manifest als Geist und Energie, als Vater und Mutter, zeugendes und empfangendes Prinzip, gesetzmäßige Ordnung und Kraft.

Die Zwei entsteht hierbei nicht als Summe aus 1+1, sondern aus der Teilung der 1 in zwei Pole. Damit wird deutlich, wie sich Schöpfung, Entwicklung, vollzieht. Die ganze Schöpfung und alle Geschöpfe entstehen ihrem Wesen nach nicht durch äußere Zusammenfügung von Elementen, sondern durch Ausdifferenzierung von verborgenen Anlagen Gottes, die allmählich manifest werden, so wie sich aus der scheinbar homogenen Flüssigkeit in einem Ei anhand verborgener Kraftlinien das werdende Geschöpf herausbildet. Solche Kraftlinien sind energetische Strukturen, geprägt von Ordnung und Energie, Vater und Mutter. Dabei ist Energie zugleich feinste Substanz: Energiematerie.

Die Zwei also ist der dem Urzustand folgende Zustand der Welt: Der Geist tritt der Energie gegenüber. Damit ist die Polarität zwischen Ewigkeit und Zeit, unsichtbarem Geist und sichtbarer Schöpfung begründet.

Deshalb sagte Pythagoras, wie Aristoteles überliefert: „Der Anfang – die Hälfte des Ganzen." [9] Wo das Ganze in zwei Hälften geteilt wird, da ist Zeit, da ist ein Anfang, da ist die im Raum erscheinende Energiematerie. Die Zwei ist „das Doppelte, Grund der Andersheit, der Ungleichheit, alles Teilbaren, das sich ändert, verschiedene Formen annimmt" (P 50).

In einem nächsten Schritt wird von „Vater" und „Mutter" ein „Sohn" gezeugt, der dritte Zustand der Welt: Bewusstsein, Licht, Seele. Durch die Zwei wird Bewusstwerdung möglich, da sich der Vater in der Mutter spiegelt, „reflektiert". Die verborgenen Kraftlinien, aus denen die Welt besteht, werden im Geist bewusst. Sie treten damit aus dem Zustand der Potenzialität in die Aktualität. Sie können wirksam werden.

In dem Maß, wie der Geist in der Energiematerie Erfahrungen macht, wächst das Bewusstsein, wächst das Prinzip Seele. Diesem Zustand, der sich aus dem Zusammenwirken von Geist und Energiematerie ergibt, ordnete Pythagoras die Zahl Drei zu. „Anfang,

Mitte, Ende. Dem teilen sie die Zahl Drei zu“, sagt Porphyrios von den Pythagoreern (P 51). Die Seele steht in der Mitte zwischen den zwei Prinzipien Geist und Materie, die hier als Anfang und Ende charakterisiert werden.

Diese bewusste Wirksamkeit macht in einem vierten Schritt Ordnung und Energie, die Vater-Mutter-Kraftlinien, offenbar, lässt sie äußere Form annehmen. Es entsteht der Weltzustand, in dem wir uns befinden, der Zustand der Vier, in dem sich die göttlichen Kraftlinien als Weltkörper, Dinge und Geschöpfe ausdrücken, und zwar insofern ihrer selbst bewusst, als Gott sich seiner selbst und seiner Eigenschaften bewusst ist. (Die Geschöpfe brauchen sich der Kraftlinien, die ihnen als ihr Wesen zugrundeliegen, nicht oder noch nicht bewusst zu sein.)

Die Entstehung der Welt der Vier ist kein endgültig abgeschlossener Prozess. Denn auch die drei „vorhergehenden“ Weltzustände wirken weiter. Ohne sie wäre die Welt der Vier gar nicht lebensfähig. Unaufhörlich wirkt die ursprüngliche Ordnung der Eins in Schweigen, in Potenzialität, und enthält doch unendlich viele, noch nicht manifest gewordene Eigenschaften Gottes. Unaufhörlich polarisiert sie sich in Geist und Energie, in die Zwei, die die Bewusstwerdung, die Drei, möglich macht. Immer neue geistige Kraftlinien treten aus dem Schoß Gottes hervor, werden im Geist bewusst und können dadurch zur Form in der Vier werden.

Der göttliche Urgrund, das Prinzip 1, ist die Ursache für Identität, das sich selbst Gleichsein und -bleiben aller Dinge und Wesen. Er ist auch die Ursache dafür, dass alle Dinge und Wesen miteinander verwandt und verbunden sind, da sie ja alle auf den einen Urgrund bezogen sind. In diesem Urgrund ist das holistische Weltmodell des Pythagoras verankert, nicht etwa in der Tatsache, dass auch auf der Ebene der erscheinenden Formen unzählige Beziehungen zwischen den Dingen und Wesen existieren. Im Gegenteil: Es wirkt ja in der Erscheinungswelt auch der Zustand der Zwei, „Grund der Andersheit, der Ungleichheit", was die Dinge und Wesen veranlasst, sich voneinander zu trennen und abzugrenzen. Würde nur dieser Zustand der Zwei herrschen, fiele die Welt auseinander. Und je stärker dieser Zustand in den Vordergrund tritt, desto größer wird das Chaos unter Dingen und Wesen.

Dass nicht eine völlige Trennung zwischen Eins und Zwei und zwischen Dingen und Wesen stattfindet, dafür soll die Drei, die Mitte, die verbindende Seele sorgen. Wenn die Seele, wie es ihrem Ursprung entspricht, sich vom Geist und seiner Ordnung durchdringen lässt und die Energiematerie im Sinn dieser Ordnung organisiert, entsteht eine Formenwelt – die Vier –, die der geistigen Ordnung adäquaten Ausdruck gibt. Lässt sich die Seele aber allein von der Energiematerie, der Zweiheit, absorbieren, so verliert sie die Verbindung zur Eins, zur Geistwelt, und ihr

Ausdruck, die Formenwelt, wird diesem Zustand entsprechen: Chaos, Kampf aller Wesen und Dinge gegen alle.

Die Darstellung der vierfachen Grundstruktur der Welt durch Pythagoras hat übrigens ihre Parallelen in der späteren christlichen Lehre. Der in sich undifferenzierte göttliche Urgrund ist in der christlichen Terminologie „Gott der Vater“, die alles ermöglichende schöpferische Weisheit und Liebe, das „Wort“. Das Prinzip der göttlichen Energiematerie ist der „Heilige Geist“, der mit dem „Vater“ zusammenwirkt: das „Leben“. Aus dem Vater und dem heiligen Geist entspringt der „Göttliche Sohn“, die Seele, das Bewusstsein, das als spirituelles „Licht“ das Universum durchdringt. Aus allen drei göttlichen Aspekten würde, wenn keine störenden Faktoren einwirkten, eine Erscheinungswelt entstehen, die als Vier reiner Ausdruck der Eins, Zwei und Drei wäre.

Die Seele der Menschheit als Aspekt der Drei hat sich jedoch vom Urgrund, dem Prinzip der Eins, gelöst und allein der Energiematerie zugewandt. Sie wendet die Kräfte der Zwei ohne Bezug auf das Prinzip der Eins an, nach eigenem Gutdünken, in Selbstbehauptung gegenüber der Eins. Die Energien der Zwei wirken dadurch disharmonisch, im Dienst der Selbstbehauptung des Menschen statt im Dienst des alles verbindenden Geistes. Das Ergebnis, die von Konflikten geprägte gegenwärtige Erscheinungswelt, entspricht diesem Zustand der Menschheit. Und die

Menschheit vergrößert dieses Chaos unaufhörlich, indem sie sich immer weiter in die Erscheinungswelt verstrickt.

Die Gesamtheit von Eins, Zwei, Drei und Vier in ihrer ungestörten, unverzerrten Gestalt nannte Pythagoras „Tetraktys“, Vierheit. Sein Bestreben war es, dieser Vierheit ähnlich zu werden. Er lebte aus der Einheit, integrierte die Energiematerie, die Zweiheit in sich nach den Gesetzen der Einheit, und wurde bewusst schöpferisch: die Dreiheit. So entstand ein Leben, die Vierheit, in dem Eins, Zwei und Drei rein ausgedrückt waren. Pythagoras wurde selbst zum Ausdruck von Wurzel und Quelle, zu einer höheren Oktave der Einheit, nämlich zur Zehn. Diese unverbrüchliche Verbundenheit der vier Prinzipien, die zur Einheit auf einer höheren Oktave führt, drückten die Pythagoreer durch die Summe 1 + 2 + 3 + 4 = 10 aus. Pythagoras konnte in diesem Zustand andere anregen und leiten, ebenfalls die „Tetraktys“ zu verwirklichen.

Man wird sagen, dieses Weltbild des Pythagoras sei anthropomorph. Pythagoras habe die Prinzipien, die er in sich selbst erlebte, in die Welt hineingelegt und -gelesen. Die Welt sei nichts als Materie und Kraft, durch chemisch-physikalische Prozesse entstanden. Aber die spirituellen Prinzipien im Menschen – woher kommen sie in ihn hinein? Ist nicht der Mensch aus der ihn umgebenden Welt aufgebaut? Alles, was in ihm ist, muss schon in der ihn umgebenden Welt gewesen sein und weiter darin sein. Und alles, was noch aus ihm werden kann, muss schon in der ihn umgebenden Welt angelegt sein. Der göttliche Urgrund der Welt hat seine unendlich vielen Eigenschaften noch nicht offenbart. Der Mensch kann zum Gefäß werden, in dem sich diese Eigenschaften immer weiter und herrlicher offenbaren. Der göttliche Urgrund der Welt, die Eins, wirkt in ihm und will sich in ihm weiter offenbaren. Die göttliche Energiematerie, die Zwei, ruht in ihm und möchte ihm die Energie und den Stoff zur Offenbarung des Urgrundes zur Verfügung stellen. Das göttliche Seelen-Bewusstsein, die Drei, wirkt in ihm und möchte ihm die Eigenschaften Gottes zu Bewusstsein bringen. Die Erscheinungswelt, die Vier, ist an ihm zum Körper geworden, der Eins, Zwei und Drei rein zum Ausdruck bringen sollte. Jetzt kommt es darauf an, dass er sich von den ebenfalls in ihm wirkenden störenden Tendenzen aus der ihn umgebenden Welt, einer Überbetonung und Verselbstständigung der Zweiheit, freimacht, um wieder zum Ausdruck einer ungestörten Zusammenarbeit der göttlichen Prinzipien zu werden.

Auf diese Weise schlugen sich die Erfahrungen, die Pythagoras auf dem Mysterienweg machte, in seinem Weltbild nieder, das auf seine spezifische Weise die Lehren der Mysterien über die Beschaffenheit der Welt wiedergab. So betrachtet, sind die Mysterienlehren keine Spekulationen, Theorien des klügelnden Verstandes oder anthropomorphe Projektionen auf die Welt, sondern Beschreibungen von Erfahrungen.

„Sphärenharmonien"

Ein anderes Symbol, durch das Pythagoras seine Erfahrungen ausdrückte, sind die schon erwähnten „Sphärenharmonien". Die „Sphären" sind die Kreisbahnen der Planeten, oder besser, die Kreisinhalte der Planetenbahnen. Pythagoras erlebte die spirituelle Ordnung unseres Planetensystems. Es war ihm kein bloß physikalisches Gebilde, das nach mathematischen Gesetzen funktioniert, sondern Ausdruck göttlicher Intelligenz, die sich in physikalischen und mathematischen Gesetzmäßigkeiten niederschlägt. Er hatte die Umlaufzeiten der Planeten und ihre gegenseitigen, in einfachen mathematischen Gleichungen beschreibbaren Verhältnisse nicht mathematisch erforscht – und trotzdem „hörte" er ihre Harmonien.

Im Rahmen des spirituellen Weltbildes würde die Erklärung dafür lauten: Die Entsprechungen der Planeten in Pythagoras' Körper wurden wie Saiten eines Instruments von einem schon klingenden kosmischen Instrument in Resonanz versetzt. Die Schwingungen im eigenen Wesen entsprachen den Schwingungen im Kosmos – und dadurch wurden ihm die kosmischen Schwingungen bewusst. Er richtete „kraft eines unsagbaren und schwer vorzustellenden göttlichen Vermögens sein Gehör und seinen Geist fest auf die erhabenen Zusammenklänge des Kosmos. Dabei hörte und verstand er, wie er erklärte, ... die gesamte Harmonie und den Wettgesang der Sphären und der Gestirne, die sich darin bewegen ... Von dieser Musik ließ er sich gleichsam durchtränken, ordnete seinen Geist in diesen reinen Verhältnissen und übte ihn darin“ (J 65/66).

Warum hören wir anderen diese Sphärenharmonien nicht? Die Pythagoreer gaben zur Antwort, wir seien von Geburt an daran gewöhnt. Sie seien uns etwas so Selbstverständliches, dass wir sie gar nicht mehr wahrnähmen. Es sei ähnlich wie bei den Fischen im Wasser, denen das umgebende Medium so vertraut ist, dass sie keine Distanz dazu besitzen, was Voraussetzung zur Wahrnehmung wäre.[10]

Wenn es auch gewiss nicht stimmt, dass wir ein Geräusch, an das wir von Geburt an gewöhnt sind, nicht mehr hören würden – so viel ist an der Antwort der Pythagoreer richtig: Wir haben als gewöhnliche Menschen wirklich keine Wahrnehmungsorgane für die Sphärenharmonien, für die Ordnung und die Kräfte des Geistes in unserem Planetensystem, obwohl diese uns umgeben wie das Wasser die Fische. Wir haben diese Wahrnehmungsorgane nicht, weil unser Bewusstsein ausschließlich auf die Erscheinungswelt gerichtet ist. Würden wir, so die Auffassung der Pythagoreer, unser Bewusstsein von der Erscheinungswelt lösen und zugleich ermöglichen, dass die spirituelle Anlage in uns sich entfaltet, indem sie sich der spirituellen Umgebung öffnet, so würde auch in uns allmählich ein Organ zur Wahrnehmung der Sphärenharmonien entstehen.

Natur

Alle Erscheinungen – Himmelskörper, Pflanzen, Tiere, „unbelebte" Natur und der Mensch – waren für Pythagoras Ausdruck der „Weltseele" und der durch sie wirkenden Geistwelt. Die Beziehungen zwischen den Dingen und Wesen, die „Naturgesetze", sind Ausfluss einer göttlichen Intelligenz und Weisheit – nicht derart, dass ein anthropomorpher Gott wie ein Handwerker sein Material mit Überlegung und durch Handgriffe formte, sondern derart, dass die göttliche Intelligenz der ganzen Natur immanent ist, sie von innen her ordnet und zur Entfaltung veranlasst. Diese Erkenntnis drückte Pythagoras dadurch aus, dass er alle Naturerscheinungen als Wohnungen oder Eigenschaften von Göttern oder Dämonen charakterisierte. Das Meer nannte er zum Beispiel „Träne des Kronos" (P 41). Das Meer ist also ein spezifischer Ausdruck der Urenergie, die durch den Gott Kronos, die fließende Zeit, symbolisiert wird. Das Sternbild des Großen Bären bezeichnete Pythagoras als „Hände der

Rhea", um damit zu veranschaulichen, dass auch die Sterne und ihre Konstellationen wie Zellen oder Glieder im großen Organismus der Weltseele sind, und als solche eine Funktion für diesen Organismus haben. Aus dem gleichen Grund nannte er die Planeten „Hunde der Persephone": Es sind die treuen Diener der Weltseele (Persephone), ihre unermüdlichen Begleiter, die die Impulse der Weltseele im Sonnensystem verwirklichen.

Des weiteren sah er eine Analogie zwischen den 7 Planeten, der Fixsternsphäre und der die Erde umgebenden „Anti-Erde" (feinstoffliche Erde) mit ihren unterschiedlichen Klängen (Funktionen) einerseits und den 9 Musen andererseits (P 31). Die Musen repräsentieren die Gesamtheit der Künste und Wissenschaften. Diese sind aber keine Erfindungen des Menschen, sondern Strukturen der Welt, die sich im Menschen und durch den Menschen als Künste und Wissenschaften offenbaren. Dieselben Strukturen zeigen sich in der Weltseele und kommen in den Planeten harmonisch zum Ausdruck, so wie auch unter den Künsten und Wissenschaften harmonische und sich ergänzende Beziehungen walten. Wir unterscheiden zum Beispiel Bildende Künste, Musik, Literatur, Geschichtswissenschaft, Theater und Tanz usw.. Diese Künste und Wissenschaften leiten sich von der Struktur des Menschen, seinen Sinnesorganen, seiner Körperbeschaffenheit und seiner Stellung in Zeit und

Raum ab und bilden daher eine in sich gegliederte Ganzheit.

Auch die Eigenschaften der Metalle zum Beispiel schrieb Pythagoras seelischen, in den Metallen wirkenden Kräften zu, die er Dämonen nannte: Der Klang der Bronze etwa war ihm die Stimme eines Dämons, die aus dieser Metalllegierung sprach (P 41). Sicher kann dieser Klang auf die physikalisch-chemischen Eigenschaften des Metalls zurückgeführt werden. Aber ist er damit erklärt? Ist das Feierliche, Ehrfurchterweckende im Klang eines Bronzebeckens damit erklärt? Solche Klangeigenschaften werden nach Pythagoras den physikalischen Schwingungen vom Menschen nicht einfach beigelegt. Die objektiven Schwingungen werden im Gehirn nicht einfach auf – auch der heutigen Physiologie – unerklärliche Weise vom Menschen zu subjektiven seelischen Erlebnissen umgewandelt. Die seelischen Merkmale *sind* vielmehr schon im Klang selbst, im Metall selbst enthalten, und werden vom Menschen nur noch registriert – oder besser: Der Mensch wird wie ein Instrument zu gleichen Schwingungen und damit Erlebnissen angeregt.

Reinkarnation

Eine weitere Erfahrung und Wahrnehmung des in Pythagoras geöffneten geistigen Auges war die schon erwähnte Tatsache der Reinkarnation. Wenn ein Mensch wie Pythagoras die „Tetraktys“ erlebt, nämlich die vierfache Grundstruktur der Welt und des Menschen, sowie die heutige Situation des Menschen, der nicht mehr harmonisch in diese Grundstruktur eingefügt ist, zeigt sich ihm, so berichten die Lehrer der Mysterien, auch das Gesetz der Reinkarnation und die Möglichkeit, diesem Gesetz zu entsteigen. Wäre der Mensch im Einklang mit der vierfachen Grundstruktur der Welt: lebte er bewusst aus der Ordnung des Geistes und der Kraft der Urenergie, so wäre er unsterblich. Sein Bewusstsein, mit der ewigen Geist- und Seelenwelt eins, wäre selbst ewig, seine Körperlichkeit wäre, da abgestimmt auf die ewigen Gesetze der Geist- und Seelenwelt, ebenfalls unsterblich. Er wäre wie Ormuzd, der persische Lichtgott. Porphyrios berichtet, Pythagoras habe gesagt: „Ormuzd gleicht seinem Körper nach dem Licht, seiner Seele nach der Wahrheit. Das hatte er [Pythagoras] von den Magiern [Persern] gelernt“ (P 41).

Der Mensch hat sich aber von der Geistwelt getrennt, hat sich als Seele zu sehr verselbstständigt und auf die Zweiheit konzentriert. Die Folge ist eine Körperlichkeit in der Erscheinungswelt, die sich nach der ihr zugemessenen Zeit wieder auflösen muss, und ein an diese Körperlichkeit gebundenes Ich-Bewusstsein, das sich, weil nicht auf die Ewigkeit abgestimmt, ebenfalls wieder auflösen muss. Trotzdem bleibt die Eins im Menschen, sein Geistkern, ewig erhalten. Nur ist er sich seiner selbst und der ihn umringenden Welt nicht bewusst und drückt sich nicht im Sinn der Tetraktys aus. Er wird immer wieder ein an die irdische Körperlichkeit gebundenes Bewusstsein, ein „Ich", und die dazu gehörige Körperlichkeit aufbauen, gleichsam in der Hoffnung, durch dieses provisorische Instrumentarium einmal zum Bewusstsein seiner selbst und seiner Aufgabe zu gelangen.

Verhilft ihm ein provisorisches Instrumentarium, eine Inkarnation, nicht zu dieser Bewusstwerdung, so wird nach Auflösung des alten ein neues Instrument aufgebaut werden: Eine neue Inkarnation wird erfolgen müssen. Verhilft ihm aber eine Inkarnation zu dieser Bewusstwerdung, d. h. geht ein irdisches Ich mit seiner vergänglichen Körperlichkeit den Mysterienweg, auf dem der Geistkern sich zu einem in der Geistwelt bewussten Organ entfaltet, so kann sich dieser bewusstgewordene Geistkern wieder eine unvergängliche Körperlichkeit aufbauen. Alle Bestandteile dieses Menschen: Geistkern, Seelenenergie, Bewusstsein und Körperlichkeit sind dann wieder unsterblich und frei vom Gesetz der Reinkarnation.

Ein Mensch gewinnt nach den Mysterienlehren Einblick in seine früheren Reinkarnationen, wenn er bewusst aus der Ebene der Eins, der spirituellen Welt, lebt. Denn dann steht er in der Ewigkeit, über der Erscheinungswelt, und überblickt von da aus die Kette der sich immer neu bildenden Ichwesen in der Erscheinungswelt. Er erkennt auch die Gesetze, die den Zusammenhang zwischen diesen Kettengliedern regeln.

Berichtet ein solcher Mensch nun dem rationalen, an die Sinnenwelt gebundenen Verstand anderer Menschen von diesen spirituellen Erfahrungen, werden viele Missverständnisse auftreten. Verflachte Vorstellungen von Reinkarnation werden sich bilden, oder es werden die Erfahrungen solcher „Eingeweihten" bestritten. Eudemos zum Beispiel, ein Aristotelesschüler, der sich über die Pythagoreer äußerte, verstand den Gedanken der Reinkarnation so, als handle es sich dabei um eine ewige Wiederkehr des genau Gleichen. Zu seinen Zuhörern sagte er: „Wenn man den Pythagoreern glauben soll, so werde auch ich künftig, so wie alles der Zahl nach wiederkehrt, euch hier wieder Märchen erzählen, dieses Stöckchen in der Hand haltend, während ihr ebenso vor mir sitzen werdet"[11].

Aber Eudemos verstand nicht, dass in den Reinkarnationen nur immer die gleichen *Probleme* wiederkehren werden, sofern sie in der vorherigen Verkörperung nicht gelöst wurden. Und sie werden, da doch immerhin, wenn auch vergeblich, Lösungsversuche gemacht wurden, in anderer *Form* wiederkehren. Sie werden auch, weil der Betreffende im früheren Leben seine Umwelt bearbeitet hatte, in einer veränderten Umwelt wiederkehren. Eudemos verstand außerdem nicht, dass die Kette der Wiederkehr des Gleichen sofort unterbrochen wird, wenn ein Mensch in einer Inkarnation mit dem Mysterienweg beginnt und sich das Auge des Geistes, das Ewiges erblickt und selbst ewig ist, in ihm entfaltet. Er verstand nicht, dass überhaupt dieses Gesetz der Wiederkehr nur wirkt, weil der Mensch sich in die Erscheinungswelt verstrickt hat. Es existiert, damit der Mensch Bewusstsein von dieser Problematik erlange, um schließlich den Weg in die Freiheit von diesem Gesetz zu finden.

Eigenschaften des Pythagoras

Ein Eingeweihter wie Pythagoras sieht, so war die Auffassung der Alten, mit dem Auge des Geistes und lebt aus den Kräften der geistigen Welt. Seine Erfahrungen schlagen sich als Mysterienlehren nieder. Mit diesen Erfahrungen sind aber auch Eigenschaften verbunden, die die Schüler des Pythagoras in die Form von Wundergeschichten über ihren Meister kleideten. Es scheint sich auf den ersten Blick um Fähigkeiten zu handeln, die die Naturgesetze durchbrachen: um Fähigkeiten, sogenannte Wunder zu wirken. Versteht man aber, dass hier nur Bilder aus der zeiträumlichen Welt benutzt wurden, um geistig-seelische Eigenschaften zu veranschaulichen, verlieren diese Geschichten sofort ihren Wundercharakter und werden zu Beschreibungen realer geistig-seelischer Fähigkeiten des Pythagoras, wie sie im spirituellen Weltbild jeder große Eingeweihte besitzt.

Man erzählte sich zum Beispiel, Pythagoras habe einem über ihn hinwegfliegenden Adler befohlen, zu ihm herabzukommen, habe ihn liebkost und dann wieder freigelassen (J 62). Der Adler ist Sinnbild für spirituelle Kraft. Die Geschichte will sagen, dass Pythagoras bewussten Zugang zur Kraft der spirituellen Welt hatte, sie zu sich heranrufen, mit ihr arbeiten und sie dann wieder freigeben konnte. Nichts anderes macht jeder Mensch, der durch den spirituellen Weg eine bewusste Verbindung mit der geistigen Welt hergestellt hat und im „Gebet", in Meditation oder Konzentration bewusst die Kräfte der geistigen Welt in sich und durch sich für ein spirituelles Ziel wirken lässt, um dann wieder zu alltäglichen Verrichtungen überzugehen.

Auch besaß Pythagoras Gewalt über die „Tiere", nämlich die animalischen Eigenschaften im eigenen Wesen. In diesem Sinn berichtet Jamblichos (J 61), Pythagoras habe einer Bärin, die den Bewohnern eines Landstrichs sehr zusetzte, Einhalt geboten, „da er sogar ungezähmte und für vernunftlos geltende Wesen überzeugte." Pythagoras streichelte die Bärin, „nahm ihr den Eid ab, nichts Beseeltes mehr anzurühren, und entließ sie." Er nahm also, auf der Grundlage der gewonnenen spirituellen Kräfte, die animalischen Triebe und Leidenschaften im eigenen Wesen wahr, zähmte sie und veranlasste, dass sie niemals mehr seine seelische oder spirituelle Entwicklung und Wirksamkeit antasteten und störten.

Ein weiterer Bericht erzählt, Pythagoras habe einem Stier, der grüne Bohnen auf einer Weide fraß, ins Ohr geflüstert und ihn soweit gebracht, auf diese Nahrung zu verzichten (J 61). Auch der Stier steht für die animalischen Triebe des Menschen, die Pythagoras, wie diese Anekdote zeigen soll, Kraft seines spirituellen Vermögens nach seinem Willen zu lenken vermochte. Dass der Stier gerade Bohnen fraß und dann davon abgehalten werden konnte, ist übrigens von besonderer Bedeutung. Denn der Verzehr von Bohnen war bei den Pythagoreern, was später noch zur Sprache kommen wird, überaus stark tabuisiert.

An anderer Stelle (J 36) heißt es, Pythagoras habe Fischern zugesehen, die ihr Netz aus der Tiefe des Meeres heraufzogen, und ihnen das Versprechen abgenommen, alle Fische wieder ins Meer zurückzuwerfen, wenn er ihnen die genaue Zahl der Beutetiere voraussagte. Sie zählten nach, seine Voraussage stimmte, und sie warfen die Fische ins Meer zurück. Zum einen wird hier das Wohlwollen des spirituellen Menschen gegenüber aller Kreatur beschrieben. Er will nicht dulden, dass Lebendiges von Lebendigem, soweit vermeidbar, getötet und verzehrt wird. Zum anderen stellt diese Geschichte auch wieder eine Fähigkeit des Eingeweihten dar. Der Eingeweihte ist sich der geistigen und seelischen Welt bewusst geworden. Er hat Anteil an der Eins, die allen Wesen und Dingen Identität, und Anteil an der Zwei, die allen Wesen und Dingen Leben verleiht. Er ist mit der Welt nicht nur über seine Sinne verbunden, die ihm die erscheinenden Formen vermitteln, sondern vor allem auch über die Kraftströme der Weltseele, die alles von innen her erhalten und das Weltganze mit all seinen Milliarden und Abermilliarden Wesen wie einen einzigen Organismus durchfließen. In diesem Organismus lebt der Eingeweihte bewusst, er hat von innen, vom Seelischen her, Zugang zu allen Formen und Wesen. Deshalb weiß er prinzipiell alles, was sich in Formen und Wesen ereignet. Das illustriert die Geschichte von der Voraussage der Zahl der Fische.

Über die inneren, seelisch-energetischen Kanäle, die den Organismus Welt durchziehen, vermag der Eingeweihte, mittels der seelischen Kraftströme, über die er Herr geworden ist, sogar Einfluss auf Dinge und Wesen auszuüben, auch wenn sie, äußerlich gesehen, weit entfernt von ihm sind. Diese Fähigkeit heißt seit alters Magie und hatte im Weltbild der Alten ihren selbstverständlichen Platz. Es war jedermann klar, dass ihre Ausübung an strenge Regeln gebunden sein musste, wenn sie nicht Schaden anrichten sollte. Ein Eingeweihter wie Pythagoras, der wusste, dass jedes Ding und Wesen seinem eigenen Entwicklungsgesetz folgt und folgen muss, um zu seiner ihm eingeschriebenen Bestimmung zu gelangen, würde diese Fähigkeit der Magie niemals zur Manipulation anderer und zum persönlichen Vorteil einsetzen. Er konnte aber spirituelle Gedanken und Kräfte in den Organismus der Welt einfließen lassen, um allen, die dafür empfänglich waren und spirituelle Kraft benötigten, diese Kraft zur Verfügung zu stellen. Sie waren frei, sie zu benutzen oder abzulehnen.

Für Menschen mit rationalem Weltbild ist diese Möglichkeit der Magie schwer vorstellbar. Aber warum sollten nicht Einflüsse von Mensch zu Mensch unmittelbar auf einer geistig-seelischen Ebene erfolgen können? Eine besondere Einsicht, ein rettender Gedanke, ein ermutigender Impuls können plötzlich in einem Menschen aufblitzen, er weiß nicht wie und woher. Sollten solche Erfahrungen nicht auch durch Gedanken und Kräfte bedingt sein können, die von anderen mit spirituellen Fähigkeiten begabten Menschen ausgehen? Alle Wesen können auf der Ebene der Erscheinungswelt einander helfen – warum nicht auch unmittelbar auf der seelisch-geistigen Ebene?

Unter dieser Voraussetzung könnte es so weit kommen, dass Gedanken und Seelenkräfte eines Eingeweihten sich dermaßen stark im Bewusstsein anderer Menschen manifestieren, dass ihnen dieser selbst als Bild erscheint, ja wie ein in der Erscheinungswelt existierendes Wesen. Auf solche Vorgänge mag die Behauptung zurückgehen, Pythagoras sei an ein- und demselben Tag in Italien und Sizilien mit Schülern im Gespräch zusammengewesen, an Stellen also, deren Distanz „man selbst in vielen Tagen nicht bewältigen kann“ (J 134).

Aus dem besonderen Verhältnis eines solchen Menschen zur Seelen- und energetischen Ebene ergibt sich auch, dass ihm die „Seelen" der Tiere, Pflanzen und Naturerscheinungen auf besondere Weise vertraut sind und entgegentreten. Pythagoras habe einmal in Begleitung von Freunden, so erzählten diese später, einen Fluss überquert, habe ihn angeredet und sei von ihm deutlich hörbar zurückgegrüßt worden (P 27). Er habe auch Erdbeben voraussagen können (J 135) – was, berücksichtigt man seine bewusste Abstimmung auf die Energiesphäre der Welt, nicht weiter erstaunlich ist. Wenn jedoch die Rede davon ist, dass er Stürme gestillt, den Wellengang von Flüssen so beeinflusst habe, dass man hindurchgehen konnte, und Seuchen schlagartig vertrieben habe (J 135), so dürften das nur Aussagen über seelische Sachverhalte sein, die in konkrete Bilder aus der Erscheinungwelt gekleidet wurden. Wer selbst gegenüber allen Stürmen der Leidenschaften und Wünschen in der eigenen Brust ruhig geworden ist, wer diese flutenden Wogen der Stimmungen und Launen so ausgetrocknet hat, dass er auf trockenem, spirituellem Grund gehen kann, wer seine Seele von allen Seuchen des Fanatismus, Dogmatismus und ideologischer Besessenheit gereinigt hat, der kann auch anderen behilflich sein, allmählich diese Ruhe, Sicherheit und Selbstständigkeit zu gewinnen.

Mit all diesen Eigenschaften ist ein solcher Mensch wie ein göttliches Wesen – oder besser: Es ist, wie wenn ein göttliches Wesen, ihm bewusst geworden, in ihm und durch ihn wirkte. Die wahre Natur des Menschen, Ebenbild Gottes zu sein, hatte sich in Pythagoras entfaltet und seine gewöhnliche Identität, seine sterbliche Persönlichkeit, durchdrungen. Deshalb hieß es von ihm nicht nur, er sei von Apollon gezeugt, sondern er sei selbst der hyperboreische Apollon (J 140). Er sei identisch mit Apollon, so wie jeder mit Gott identisch, mit dem „Vater“ eins ist, dessen wahres Selbst, dessen Ebenbild Gottes, sich entfaltet hat. Hyperboräa ist kein geografischer Ort im

Norden der Erde, sondern ein Zustand der Seligkeit in der Welt des Geistes. Darin gibt es nur Einklang mit der Ordnung des Geistes und seinen Kräften, und daher keine Konflikte und Vergänglichkeit.

Wenn Pythagoras als der hyperboreische Apollon bezeichnet wird, so ist damit gemeint, dass er sich selbst, als wahrer Mensch, im Zustand der Seligkeit befand, und damit Bewohner Hyperboräas war, des „Nordens" der Erde, des Berges „Meru" der hinduistischen Tradition, von woher alle spirituellen Kräfte kommen. Und er repräsentierte einen besonderen Aspekt dieser spirituellen Welt, nämlich „Apollon": die Klarheit und Schönheit des spirituellen Denkens und Bewusstseins, aus der spirituelle Philosophie und spirituelle Kunst hervorgehen. Ein Spruch der Pythagoreer lautete: „Was sind die Inseln der Seligen? Sonne und Mond" (J 82). Von diesen „Inseln der Seligen", von Hyperboräa, kam Pythagoras, er war Bewohner dieser Inseln der Seligen, der Welt des Geistes, mit ihrer Ordnung und ihren Kräften. Ihre Ordnung wird durch die Sonne, das geistige Prinzip, ihre Kräfte durch den Mond, das seelische Prinzip dargestellt, das völlig vom Geist erleuchtet ist, so wie der Mond sein Licht von der Sonne erhält.

Als hyperboreischer Apollon hat Pythagoras einen „goldenen Schenkel" (J 135). „Gold" ist Symbol für den Geist, „Schenkel" für den Willen. Pythagoras lebte aus der Ordnung des Geistes, verfügte über die Kräfte des Geistes – sein seelischer Zustand – und verwirklichte durch seine Existenz und sein Handeln: durch seinen Willen, Ordnung und Kräfte des Geistes. Auf diesen Zustand spielt die Überzeugung seiner Schüler an, es gebe drei Gruppen von vernunftbegabten Wesen: Götter, Menschen, und dazwischen die Heroen. Und Pythagoras sei einer dieser Heroen gewesen (J 31).

Die spirituelle Schule des Pythagoras

Aufbau einer Mysterienschule

Pythagoras war den Mysterienweg gegangen und hatte seine spirituelle Identität verwirklicht. Er hatte sich von den Verdüsterungen und Verstrickungen gelöst, die die Existenz in der Welt der vergänglichen Erscheinungen mit sich bringt. Er lebte aus der Ordnung und den Kräften der Welt des Geistes. Er tat das als ein Mensch, der von Geburt an auf besondere Weise mit der Welt des Geistes verbunden und unter besonderen Auspizien inkarniert war. Aus diesem Grund wurde er von seinen Zeitgenossen als Inkarnation des Gottes Apollon und als Gesandter der Welt des Geistes angesehen, als ein Gott, „der den damals Lebenden in Menschengestalt erschienen sei, um dem todgeweihten Leben aufzuhelfen, es zurechtzubringen und um der vergänglichen Natur den heilbringenden Funken der Glückseligkeit und der Philosophie gnadenvoll zu bescheren ... jenen Funken, der uns von den Göttern durch diesen Pythagoras geschenkt wurde“ (J 30).

Das Gehen des Mysterienweges war aber nur die Voraussetzung für seine eigentliche Aufgabe gewesen. Als Botschafter aus der Welt des Geistes sollte er den Menschen von dieser Welt des Geistes berichten und ihnen den Mysterienweg, der zur Verwirklichung der eigentlichen Identität des Menschen führt, erschließen. Da er selbst alle mit diesem Weg verbundenen Schwierigkeiten erfahren und überwunden hatte, wusste er, was er den Menschen zu sagen hatte und was er von ihnen verlangen konnte. Er hatte die Bahn geschaffen, auf der andere, Schwächere, ihm nachfolgen konnten. Die in ihm wachgewordenen Einsichten und Kräfte konnte er anderen Menschen zur Verfügung stellen. Er konnte ihnen vermitteln, „was die Seele sehend macht, was den Geist reinigt von der Verblendung durch die anderen Bestrebungen, so dass dieser die wirklichen Prinzipien und Urgründe des Alls zu erkennen vermag“ (J 31).

Nichts anderes war es, was Pythagoras sich nun vornahm und womit er den Rest seines Lebens verbrachte. Er baute eine Mysterienschule auf und leitete sie, eine spirituelle Schule, eine Philosophenschule, wie man es auch nennen will: eine Institution, in der Menschen, die das wollten und die geeigneten Voraussetzungen mitbrachten, unter seiner Anleitung und unterstützt von seinen Kräften ihrerseits ihr wahres, spirituelles Selbst entfalten konnten.

Im Rahmen des Weltbildes und der Erfahrungen des Pythagoras und der Alten sind Einrichtungen wie Mysterienschulen etwas sehr Folgerichtiges, Selbstverständliches, ja Notwendiges. Wenn der Mensch gegenwärtig seine Bestimmung nicht erfüllt und ein Leben führt, das im Vergleich zu den ihm innewohnenden spirituellen Möglichkeiten eine Katastrophe, eine Verkrüppelung und Schändung des in ihm angelegten Urbildes des Menschen ist, eine ständige Qual trotz aller scheinbaren Freuden, dann muss es sein dringendstes Interesse sein, einen Weg aus diesem Zustand heraus zu finden. Wenn andererseits die Entwicklungstendenz im All dahingeht, dass alle Wesen, einschließlich des Menschen, ihrer Bestimmung entgegenwachsen, und wenn es Wesen gibt, die diese Bestimmung bereits verwirklichen, werden diese Wesen – Pythagoras ist eines von ihnen – alles daransetzen, den noch nicht entwickelten Wesen bei ihrer Entwicklung zu helfen. Sie sind mit allen anderen Wesen verwandt, sie fühlen sich mit ihnen verbunden und wollen nicht ertragen und dulden, dass es Wesen gibt, die sich in Schmerzen quälen, während sie selbst im Zustand der Seligkeit auf den „Inseln der Seligen“ leben. Sie werden mit der im All wirkenden Tendenz in allen Wesen, ihre Bestimmung zu verwirklichen, zusammenwirken, da sie auch in ihnen wirkt.

Dabei ist jeder Zwang ausgeschlossen. Seine Bestimmung kann jedes Wesen und jeder Mensch nur frei verwirklichen, sonst würde er nicht seine eigene Identität, sondern den Willen und die Vorstellungen anderer verwirklichen. Aber er wird sich helfen lassen, er muss sich sogar helfen lassen, weil er im Allgemeinen nicht über das Bewusstsein seiner Lage und die Kräfte, sich daraus zu befreien, verfügt. Er braucht andere, die die entsprechenden Einsichten in ihm anregen und ihm die notwendigen spirituellen Kräfte vorläufig zur Verfügung stellen.

Da jeder Mensch seine Bestimmung frei verwirklichen muss, kann ein Mysterienführer wie Pythagoras, der die Kräfte, zu wecken und zu helfen, besitzt, nur arbeiten, wenn er auf Menschen trifft, die erstens überhaupt bemerken, dass sie im Unglück leben – und sei ihr Leben nach den Maßstäben der Erscheinungswelt auch das allerglücklichste. Sie müssen sich zweitens nach Befreiung aus dem Unglück und nach dem Glück einer spirituellen Existenz sehnen. Drittens müssen sie sich darüber im klaren sein, dass sie dabei aus eigener Kraft nicht vorankommen. Sind diese Voraussetzungen erfüllt, und begegnen solche Menschen einer Persönlichkeit, die als spiritueller Führer auftritt, so kann sich allmählich Vertrauen entwickeln: ein auf Erfahrung gegründeter Glaube, dass diese Persönlichkeit wirklich ein kompetenter Mysterienführer ist. Ein solcher Glaube wird entstehen können, wenn sich aus dem Leben, den Worten und den Kräften dieses Menschen ergibt, dass hier einer aus eigener spiritueller Erfahrung spricht und nicht nur spielt oder sich etwas anmaßt.

Nachdem Pythagoras sein Reiseleben beendet hatte, das ihn durch den Orient und alle Mysterienstätten Griechenlands geführt hatte, begab er sich in seine Heimat Samos, in der Hoffnung, dort Menschen der beschriebenen Art zu finden und ihr Vertrauen gewinnen zu können. Es war der erste Versuch, geeignete Schüler um sich zu scharen. Der Versuch scheiterte. Zunächst zeigte die Bevölkerung zwar großes Interesse, den berühmten Reisenden und Sohn der eigenen Vaterstadt zu sehen. Pythagoras gewann auch Schüler.

Aber bald stellte sich heraus, dass seine Forderungen zu hoch oder die Samier zu bequem waren. Jamblichos erzählt (J 20 – 25), Pythagoras habe in Samos auf eine Weise gelehrt, die den Samiern so wenig zugesagt und die Hörer so vollständig abgeschreckt habe, dass er sich bald auf einen einzigen Schüler in der Mathematik beschränkt gesehen habe.

Offenbar war das Bedürfnis nach spiritueller Entwicklung bei den Bewohnern von Samos nicht groß genug, um sie die äußeren und inneren Hindernisse, die jede spirituelle Entwicklung begleiten, überwinden zu lassen. Pythagoras verließ Samos wieder und wandte sich nach „Großgriechenland", nach Unteritalien. Dort waren in den vergangenen Jahrhunderten zahlreiche griechische Kolonien gegründet worden, die im Lauf der Zeit das Mutterland an Reichtum, Macht und Einwohnerzahl weit überflügelt hatten. Sei es, dass Pythagoras glaubte, in diesen neuen griechischen Städten mehr Aufgeschlossenheit für seine Wahrheit zu finden, sei es, dass ihn Nachrichten oder persönliche Bekanntschaften davon überzeugt hatten, dort sei der geeignete Boden für seine Tätigkeit – er wandte sich jedenfalls im Jahre 532, im Jahr „der zweiundsechzigsten Olympiade" (J 35), zunächst nach Sybaris, damals die reichste und volkreichste Stadt in Unteritalien. Sie war schon sprichwörtlich für ihr üppiges Leben geworden. Vielleicht erwartete Pythagoras, dass gerade dort wenigstens einige Menschen ihres Wohllebens überdrüssig geworden waren und sich nach einem erfüllteren Leben sehnten.

Aber es war offenbar so, dass Reichtum, Lebensgenuss und immer neue Abwechslungen und Ablenkungen auch die Nachdenklicheren vom Streben nach Verwirklichung ihres eigentlichen Menschseins gerade abhielten oder den inneren Ruf des spirituellen Menschen übertönten. Auch in Sybaris gelang es Pythagoras nicht, Fuß zu fassen.

Wie stand es mit der Nachbarstadt Kroton? Die Krotoniaten lebten unter weniger günstigen äußeren Bedingungen als die Sybariten. Sie scheinen den Ehrgeiz gehabt zu haben, aus ihrem Leben etwas zu machen, nicht nur es zu genießen. Berühmt waren ihre Athleten. Sieben von ihnen hatten bisher schon bei den olympischen Spielen gesiegt. So war bei den Krotoniaten immerhin eine Grundvoraussetzung des spirituellen Wesens gegeben: das Bedürfnis, an sich zu arbeiten. Die Frage war dann natürlich noch, in welche Richtung diese Arbeit ging: in Richtung auf Ehre, Ansehen und Macht – damit verbliebe sie im Rahmen der Erscheinungswelt –, oder in Richtung auf Erkenntnis der Wahrheit über sich selbst und die Verwirklichung der eigenen spirituellen Bestimmung.

Ein weiterer für Pythagoras günstiger Faktor kam hinzu. Die Krotoniaten hatten um 530 einen Krieg gegen die weiter im Süden gelegene Stadt Lokri verloren. Eine große Anstrengung war vergeblich gewesen, Enttäuschung hatte sich ausgebreitet. Beim römischen Historiker Justinus heißt es: Die Krotoniaten „bekamen geradezu einen Abscheu vor den Dingen, die sie mit so schlechtem Glück in die Hand genommen hatten, und sie hätten ihr bisheriges Leben ganz eingetauscht gegen Schwelgerei, wenn da nicht der Philosoph Pythagoras gewesen wäre.“[12] In einer solchen psychologischen Situation kann die Stimme des wahren Selbst sich deutlicher bemerkbar machen. Und tatsächlich: Die Krotoniaten reagierten auf Pythagoras, als er dieses wahre Selbst, diese Sehnsucht nach existenzieller Wahrheit und spiritueller Verwirklichung ansprach. Er gewann das Vertrauen der Bevölkerung und Behörden, die ihm die Gründung einer Institution ermöglichten, wo er Interessierte unterweisen konnte. Er gewann auch zahlreiche Schüler.

Die Gespräche, die er mit den verschiedenen Bevölkerungsgruppen bei verschiedenen Gelegenheiten führte und die ihm solches Vertrauen einbrachten, sind bei Jamblichos in vier Reden überliefert. Sicher handelte es sich nicht nur um vier einzelne Reden, sondern um zahlreiche Ansprachen und Unterhaltungen, die Jamblichos nach der Gewohnheit antiker Schriftsteller in einige wenige Reden zusammenzog, in denen die typischen Gedankengänge des Pythagoras enthalten sind. Nach Jamblichos wandte sich Pythagoras speziell an die jungen Männer, die im Senat vertretenen politischen Führer, die Knaben und die Frauen der Stadt.

Die vier Reden

Bei genauerer Betrachtung zeigt sich, dass den Hintergrund einer jeden Rede die Lebensaufgabe ihrer besonderen Adressaten bildet. Diese Lebensaufgabe leitet sich von der Stellung der Betreffenden im Kosmos ab. Zugleich geht Pythagoras immer auch auf die besonderen Fähigkeiten ein, die die Hörer zur Erfüllung ihrer Lebensaufgabe besitzen, bestärkt sie und gibt ihnen Hoffnung, diese Fähigkeiten auch entwickeln zu können. Andererseits stellt er ihnen die Hindernisse vor Augen, die sich aus ihrer besonderen Situation ergeben und fordert zu ihrer Überwindung auf. Man kann Pythagoras nur bewundern, wie er es in diesen Reden versteht, bei den jeweiligen Hörern die positiven Möglichkeiten anzusprechen, ihnen in diesem Licht bewusst zu machen, wie armselig und fehlgeleitet doch ihr bisheriges Leben war, und ihnen die Aussichten auf ein Leben im Einklang mit der Ordnung der spirituellen Welt ist zu schildern.

Die Rede an die jungen Männer

Im Gymnasion, der Sporthalle, dem Ort der körperlichen Übungen und der kameradschaftlichen Gespräche der jungen Männer, nahm Pythagoras Kontakt zu den 15 bis 30 Jährigen auf.

Was ist die Aufgabe des jungen Mannes (und der jungen Frau)? Er steht vor dem Problem der Identitätsfindung, vor der Aufgabe, sich selbst und seinem Leben eine Fassung zu geben, die einerseits den inneren Anlagen, andererseits den Anforderungen der äußeren Umstände entspricht. Er muss die richtige Ausbildung, den richtigen Beruf und den richtigen Lebenspartner finden. Doch ist das noch nicht das Wichtigste. Viel wichtiger ist es, ein akzeptables Lebensziel und eine tragfähige Lebenseinstellung zu entdecken. Was ist das Ziel des Lebens? Also Identitätsfindung einer höheren Art. Diese eigentliche Identität des Menschen, weit umfassender als seine Identität als Mitglied der Gesellschaft, ergibt sich aus seiner Verwurzelung in der Ordnung des Kosmos und der spirituellen Welt. Diese Ordnung möchte in ihm wirksam werden und sich durch ihn mittels seiner persönlichen Möglichkeiten und Fähigkeiten entfalten. Der Weg zur Bewusstwerdung und dann auch Verwirklichung dieser eigentlichen Identität ist die Erkenntnis der Ordnung des Kosmos und der spirituellen Welt, die sich im Innern des Menschen manifestieren wollen.

Deshalb wies Pythagoras die jungen Männer zuallererst auf die Ordnung des Kosmos hin. Er sagte zum Beispiel, „dass im Kosmos, im Leben, in den Städten (den Staaten) und in der Natur das Frühere höher geehrt wird als das zeitlich Nachfolgende“ (J 37). Es gibt etwas Früheres, Umfassenderes und Höheres, als den Menschen. Darin hat der Mensch seine Wurzel, darin liegt seine eigentliche Identität. Erkennt und achtet er dieses Frühere, Höhere, den Weltenschoß des Kosmos, aus dem er als körperliches Wesen, und die spirituelle Ordnung, aus der er als geistiges Wesen hervorgegangen ist, so achtet er auch sich selbst als körperliches und geistiges Wesen, erkennt seine speziellen Funktionen im großen Ganzen und kann auch seine sekundären Lebensaufgaben: Beruf, Familie, gesellschaftliche Pflichten, in diesen Rahmen einordnen.

Auf diese Weise gewinnt der Jugendliche Selbstständigkeit und Selbstsicherheit. Durch die Achtung vor den größeren Zusammenhängen, in denen er steht, und vor den sie vertretenden Autoritäten, ermöglicht er das Wachstum seiner inneren Lebensgrundlage und damit seiner Fähigkeit, sich aus den Erfahrungen mit seiner Lebensgrundlage und mit sich selbst Maßstäbe für das Leben zu bilden. Ehrlichkeit vor sich selbst und Wahrheitsliebe sowie Achtung vor dem Fremden und noch Unverstandenen entstehen dann in ihm. Sie ermöglichen ihm, Falsches, Verlogenes und Illusionäres zu erkennen und zurückzuweisen. Wird er dagegen von seinen Erziehern nur auf sein kleines Ich zurückgeworfen und aufgefordert, sich als solches seinen Weg durch die Welt zu bahnen, wird er keine wirkliche Ruhe und Selbstständigkeit entwickeln und nur als unruhiger Geist überall Kritik üben, ohne Verständnis und Augenmaß.

Daher versuchte Pythagoras den Jugendlichen Achtung vor den Eltern einzupflanzen: Sie „sind unsre ersten Wohltäter, da sie uns erzeugt haben“ (J 38). Achtung vor den Eltern bedeutet keineswegs, dass der Heranwachsende die Augen vor ihren Schwächen verschließen müsste. Aber wenn er erkennt, was ihm von den Eltern an Wohlwollen und Sorge entgegengebracht wurde und wird, wird er es niemals an Verständnis und Rücksichtnahme fehlen lassen. „Bewährt im Anstand gegenüber Älteren die Gesinnung guter Söhne und in der Menschenfreundlichkeit gegen die anderen die brüderliche Kameradschaft“ (J 40).

Die besondere Chance der jungen Leute, die sich noch nicht in festen Gleisen bewegen müssen, ist die Entwicklung des Denkens, der Fähigkeit, mit eigenen Augen und unvoreingenommen nach allen Seiten frei sehen zu lernen. Dadurch kann die eigene Identität bewusst werden und allmählich ihre Fassung erhalten. Deshalb spornte Pythagoras die Jugendlichen an: „Wie unsinnig ist es doch, einerseits das Denken für das Allerwichtigste zu halten und mit seiner Hilfe alles übrige zu beurteilen, andererseits aber auf die Übung im Denken keine Zeit und Mühe zu verwenden“ (J 42). „Geistesbildung“ nennt Pythagoras die Bemühung, dem Innersten und den individuellen Anlagen allmählich eine stimmige Fassung zu geben. Der Jugendliche soll erkennen, welche Ausdrucksform im Leben seinen Anlagen gemäß ist, und sie dann auch verwirklichen. „Bei manchen Dingen steht es nicht in der Macht des Menschen, sie zu erwerben; sich zu bilden aber ist nach eigenem Vorsatz möglich.“

Die besondere Gefahr der jungen Leute ist die Unbesonnenheit, der Übermut, das übergroße oder zu geringe Selbstvertrauen, das zu vorschnellen Schlüssen und Handlungen verführt. Durch Unbesonnenheit lässt sich der Mensch von jähen Impulsen oder Klischees und Konventionen leiten. Er urteilt und handelt dann falsch, jedenfalls nicht im Einklang mit seinem Wesen.

Deshalb riet Pythagoras seinen jungen Hörern zu Besonnenheit. Sie sollten solche jähen Impulse aus dem Innern oder die unbewusste Außenleitung durch Konventionen und Klischees rechtzeitig erkennen. Sie sollten sich deren Herrschaft entziehen, abwarten und hinschauen, was das eigene Innere wirklich sagte und wie die Umwelt wirklich war.

Die Rede an den Senat

Seine Rede an den Senat von Kroton, die Leiter des Staates: die Politiker, Wirtschaftsführer und sonstigen Ton angebenden Persönlichkeiten, begann Pythagoras mit dem Vorschlag: „Errichtet ein Musenheiligtum ... der Musenchor (ist) stets ein und derselbe. Außerdem umfasst er Einklang, Harmonie, rhythmische Ordnung und alles, was Eintracht schafft. Auch erstreckt sich die Macht der Musen nicht nur auf die schönsten Gegenstände der Betrachtung, sondern auch auf die Sinfonie und Harmonie des Seienden" (J 45). Man wundert sich: Warum schlägt Pythagoras den Mächtigen kein Heiligtum zum Beispiel des Zeus vor, der doch die Verkörperung von Macht und Herrschaft ist?

Für Pythagoras ist die Aufgabe des Staates, der Gemeinschaft, und damit der Lenker dieser Gemeinschaft, nicht in erster Linie, Macht zu gewinnen und Macht zu verwalten. Für ihn ist die staatliche Gemeinschaft, wie der einzelne Mensch, Instrument für eine höhere, spirituelle Wirklichkeit. Wie der einzelne Mensch steht auch die Gemeinschaft vor der immer neuen Aufgabe, ihre Identität und die dieser entsprechende Ausdrucksform zu finden. Und wie beim einzelnen Menschen gibt es bei der Gemeinschaft eine biologische Identität, d. h. die Gesamtheit der Fähigkeiten und Eigenschaften, das Potenzial an materiellen Ressourcen, die Organisation der äußeren Lebensumstände und eine spirituelle Identität.

Denn auch eine Gemeinschaft hat ein Schicksal, ist in der „Harmonie des Seienden“ verwurzelt und bezieht ihre eigentliche Identität aus dieser spirituellen Ordnung. Ihr eigentliches Lebensziel, ihre Bestimmung, besteht darin, zu lernen, wie ein Leben aus der „Harmonie des Seienden“, ein Leben im Einklang mit der Ordnung des Kosmos und der spirituellen Welt aussehen müsste. Immer wieder treten Herausforderungen von außen und innen an sie heran. Sie kann im Sinn der Verwirklichung ihrer spirituellen Identität darauf reagieren. Sie kann in ihrer eigenen Kultur und Verfassung ihre wahre Identität zum Ausdruck bringen, und anderen Völkern ihre Eigenart und Entwicklung lassen. Sie kann aber auch ihre spirituelle Identität verleugnen und nur ihren materiellen Interessen folgen. Das würde bedeuten, dass sie andere Völker brutal unterdrückt, ausschließlich Macht, Wohlstand und Prestige anstrebt, und in ihrer Kultur Leidenschaften und Triebe dominieren lässt.

Die Aufgabe der Leiter der Gemeinschaft ist es, zu erkennen, welche Funktion die Gemeinschaft für die spirituelle Ordnung besitzt, wie diese Ordnung in der Kultur der Gemeinschaft zum Ausdruck kommen müsste und wie die äußere Organisation der Gemeinschaft, die Verfassung und Gesetzgebung des Staates, aussehen müsste, damit die spirituelle Identität Spielraum zur Entfaltung hätte. Danach müssten die Leiter auch darauf hinarbeiten, dass diese Erkenntnisse praktisch umgesetzt werden. Wenn sie selbst nur daran denken, wie sie sich der Gemeinschaft zu ihren eigenen Zwecken der Macht, des Erfolgs und des Reichtums bedienen können; wenn sie sich nur als Organe einer Gemeinschaft fühlen, die Macht, Prestige und Reichtum als oberste Lebensziele hat; wenn sie selbst dogmatische Vorstellungen vom Idealzustand der Gemeinschaft haben und diese Ideologie gewaltsam verwirklichen wollen – so verfehlen sie ihre Aufgabe, freies Instrument für eine höhere, spirituelle Ordnung zu sein und darauf hinzuarbeiten, dass auch die Gemeinschaft ein solches freies Instrument sein oder werden kann.

Die Errichtung eines Musenheiligtums heißt, dass sich die Leiter des Staates stets an der spirituellen Ordnung orientieren. Apollon ist der Herr der neun Musen, Repräsentant der spirituellen Ordnung, die in jedem Menschen und jeder Gemeinschaft wirkt und in der die spirituelle Identität verwurzelt ist.

Wenn eine solche Orientierung erfolgt, sieht ein Leiter des Staates zum Beispiel, dass die Gemeinschaft zu einem gegebenen Zeitpunkt eine „Tragödie“ durchlebt. Die Muse Melpomene ist zuständig für die Tragödie. In einer Tragödie kommt der Held durch Schmerz zur Einsicht in sein Fehlverhalten und stößt auf seine eigentliche Identität. Genauso kann ein Staat Held einer Tragödie sein, und ein Staatenlenker so handeln, dass der Schmerz über eine Katastrophe wirklich zur Einsicht der ganzen Gemeinschaft führt.

Die Muse Erato ist Schutzherrin der Lyrik. Wie ein Einzelner durch Lyrik seine innere Befindlichkeit ausdrückt, so drückt eine Gemeinschaft durch ihre Kunst ihre innere Befindlichkeit aus. Wie ihre Musik, ihre Literatur, das Verhalten der Bürger im In- und Ausland beschaffen sind, so ist ihre Seele beschaffen. Orientiert sich eine Führerpersönlichkeit an der „Harmonie des Seienden“, so wird sie durch ihr Beispiel und durch kluge Maßnahmen dazu beitragen können, dass seelische Aspekte in der Kultur eines Volkes zum Ausdruck kommen, die dessen spirituel-ler Identität entsprechen und sie rückwirkend wieder bestärken.

Ebenso wird eine Führerpersönlichkeit in der Geschichte ihres Volkes (Klio ist die Muse der Geschichtswissenschaft) den Kampf um seine eigentliche Identität erkennen und ihr Verhalten daran orientieren. In der Philosophie ihres Volkes (Muse Kalliope) wird sie die Elemente fördern, die der spirituellen Identität und dem darauf beruhenden common sense der Gemeinschaft entsprechen. Sie wird stets von der Erkenntnis der kosmischen und natürlichen Zusammenhänge ausgehen, in die die Gemeinschaft eingebettet ist. Nur die Achtung vor diesen Zusammenhängen und das Wissen, dass der Einzelne wie die Gemeinschaft von einer weit größeren spirituellen Ordnung geleitet wird, wird ihrer Politik die richtigen Zielsetzungen geben (Urania ist die Muse der Astronomie, der Wissenschaft von den kosmischen Einflüssen). Auch Heiterkeit und Lebensfreude braucht eine Gesellschaft, um im Ernst des Daseins bestehen zu können. Darum werden die für diesen Aspekt des gesellschaftlichen Lebens Verantwortlichen für entsprechende Gelegenheiten sorgen und selbst Lebensfreude ausstrahlen. Sie werden darauf achten, dass die Heiterkeit der Menschen dem Niveau ihrer spirituellen Identität entspricht (die Muse Terpsichore ist für den Tanz zuständig). Und so fort auch für die restlichen Musen.

Die besondere Fähigkeit, die die erwachsene Führerpersönlichkeit auszeichnen sollte, ist die Gerechtigkeit. Pythagoras sagt zu den Senatoren: „In den Staaten habe das Gesetz dieselbe Stellung wie Themis, die Göttin der Gerechtigkeit, neben Zeus, damit, wer nicht in Gerechtigkeit das tut, wozu er bestimmt ist, sich nicht zugleich als Frevler am ganzen Kosmos erweise“ (J 46). Gerechtigkeit bedeutet, dass einerseits die Gemeinschaft als Ganzes im gerichteten Einklang mit ihrer eigentlichen Identität lebt, und dass andererseits jeder Teil der Gemeinschaft den ihm gemäßen Beitrag zum Ganzen leistet und vom Ganzen das ihm dafür Zustehende erhält. Der Staat als Ganzes kann die Gerechtigkeit als Einklang mit der spirituellen Ordnung des Kosmos verfehlen, wenn er nur an Macht, Erfolg und Reichtum interessiert ist. Und jeder einzelne, jede einzelne Gruppe im Staat kann die Gerechtigkeit verfehlen, wenn sie nur ihre eigenen Interessen verfolgt und nicht zum Ausdruck der eigentlichen Identität der Gemeinschaft beiträgt. Wenn aber jeder Bürger nach seinem Vermögen zur Verwirklichung der Identität der Gemeinschaft beiträgt und die adäquate soziale Antwort darauf erfährt, herrscht Gerechtigkeit im Innern.

Beide Arten von Gerechtigkeit zu fördern, ist die besondere Aufgabe der Führerpersönlichkeit. Ihre besondere Gefährdung ist die Ungerechtigkeit: dass sie nämlich auf Grund ihrer besonderen Möglichkeiten die eigenen Interessen in den Vordergrund stellt. Damit würde sie die spirituelle Identität der Gemeinschaft mit der Harmonie des Kosmos stören, und die innere Einheit des Staates stören. Sie würde den Staat zur Beute der herrschenden Klasse machen oder die äußere Organisation als Mittel zu ideologischen Zielen missbrauchen.

Wesentlich für die leitenden Männer im Staat ist die Selbstständigkeit, die Fähigkeit, mit eigenen Augen zu sehen und vorauszusehen. „Denjenigen halte ich für den Besten, der von sich aus das Nutzbringende voraussehen kann, für den Zweitbesten, wer auf Grund fremder Erfahrungen das Förderliche erkennt, für den Schlechtesten aber, wer abwartet, bis er durch eigenes Unglück verspürt, was das Bessere gewesen wäre" (J 49). Und auch im Privatleben sollen sich die Führerpersönlichkeiten so verhalten, nein, so *sein*, dass die Ordnung des kleinen Kreises der Familie Vorbild, Spiegelbild und Voraussetzung für die Ordnung des großen Kreises des Staates ist. „Verwaltet das eigene Hauswesen so, dass man eure politischen Entscheidungen an den privaten messen kann" (J 47). Wenn ein Mensch gerecht ist, wird er es im privaten Rahmen genauso sein wie im öffentlichen. Wenn er Gerechtigkeit im öffentlichen Rahmen nur spielt und im privaten Rahmen ein Tyrann oder Feigling ist, werden sich die Konsequenzen aus dieser Gespaltenheit eines Tages auch im öffentlichen Rahmen zeigen.

Deshalb fordert Pythagoras die Senatoren auf: „Trachtet danach, dass eure Nachkommen euch nicht auf Grund der Blutsbande lieben, für die sie nichts können, sondern aus eigenem Entschluss“ (J 47). Und: „Beherzigt, dass ihr eure Frau wie eine Schutzflehende ... aufgehoben und so im Angesicht der Götter ins Haus geführt habt“ (J 48).

Die Rede an die Knaben

Die dritte Rede hielt Pythagoras an die Knaben. Wieder stellte er ihnen ihre besondere Aufgabe vor Augen, die sich aus ihren besonderen Voraussetzungen ergibt, und wieder leitete er diese Aufgabe vom besonderen Verhältnis ab, das diese Altersgruppe zur Welt des Geistes besitzt.

Was ist die Aufgabe des Kindes, Junge oder Mädchen, bis etwa zur Pubertät? Ihr Kinder seid, so sagt Pythagoras, „den Göttern besonders lieb ... da nur ihr vollkommen rein seid“ (J 51). Kinder stehen, jedenfalls prinzipiell, in einer selbstverständlichen, wenn auch noch nicht selbst errungenen, Beziehung zur spirituellen Welt. Diese kann in ihnen sprechen, weil sie unbefangen wahrnehmen und nicht in Klischees und Konventionen gezwungen sind. Sie sind noch nicht von materiellen Sorgen und der Verantwortung für ihr materielles Leben belastet, auch noch nicht von

Enttäuschungen verletzt, weshalb sie sich Eindrücken von innen und außen nicht ängstlich verschließen. Außerdem sind sie noch nicht geschlechtsreif und auch in dieser Hinsicht weniger Zwängen ausgesetzt. Ihre Aufgabe ist daher, diese Unbefangenheit und Reinheit möglichst zu bewahren und ins Erwachsenenalter hinüberzuretten, ja das ganze spätere Leben davon bestimmen zu lassen. „Wer als Knabe gut ist, dem fällt es von Natur leicht, sein Leben lang ein edler Mensch zu bleiben. Wer aber in der Kindheit nicht wohlgeraten ist, dem wird es später schwer, es zu werden“ (J 51).

Die Erwachsenen haben deshalb die Pflicht, dafür zu sorgen, und jedes Kind hat die Pflicht und Möglichkeit, darauf zu achten, dass es spielend und lernend seine spirituelle Identität entfalten kann. Es sollte so lange wie möglich vor Einflüssen, die seine Unbefangenheit, natürliche Wahrheitsliebe und Güte zerstören möchten, bewahrt bleiben. Das Kind sollte mit den Entwicklungen seiner Zeit und Umgebung nur so weit konfrontiert werden, als es sie auch verkraften kann.

Eine solche Erziehung ist möglich, wenn die Kinder, je nach ihrem Bedürfnis, dazu angeleitet werden, sich für Bereiche zu interessieren, die ihrer innersten Verfassung entsprechen. Dann werden sie Ehrfurcht vor dem Kosmos und der geistigen Welt entwickeln, denen ihr Innerstes angehört. „Übt euch im Zuhören“, sagt deshalb Pythagoras, „damit ihr einmal reden könnt“ (J 53). Übt euch im Aufnehmen der Wahrheit und Schönheit, damit ihr einmal Wahrheit und Schönheit weitergeben könnt.

Die besondere Gefahr, der das Kind gerade wegen seiner Unbefangenheit und Spontanität ausgesetzt ist, besteht in seinem unschuldigen Egoismus. Es möchte ohne Rücksicht auf andere seine Interessen durchsetzen. Es ist von Anfang an Mensch mit zweifacher Seelenausstattung. Als Wesen, das noch nicht gelernt hat, seine Interessen mit denen der Umwelt auszugleichen, schießt es zu Angriff und Verteidigung gern über das Ziel hinaus. „Beleidigt nie zuerst einen anderen und wehrt euch nicht gegen diejenigen, welche euch beleidigen. Trachtet vielmehr ernstlich nach der Bildung (paideia), die vom bildsamen Knaben (pais – Knabe) ihren Namen hat“ (J 51), ruft daher Pythagoras den Kindern zu. „Bildung“ ist hier wieder als „Fassung“ gemeint: Das im Kind steckende Gute soll eine Fassung erhalten. Es soll immer wieder geäußert werden, so dass es durch das Handeln bestätigt und zu äußerer Wirklichkeit und Form wird. Und wie könnte es besser geäußert werden als dadurch, dass das Kind im Spiel und Lernen mit Gleichaltrigen Achtung vor dem Gleichaltrigen einlernt und übt! Jedes Schimpfwort vergiftet nicht nur den anderen, sondern auch das eigene Wesen. Also ärgert, kränkt und schmäht nicht den anderen, und wenn ihr selbst geschmäht werdet, reagiert nicht wieder mit Schmähung – sonst vergiftet ihr euch selbst und die ganze

Atmosphäre! Eure besondere Qualität, die Reinheit und Wahrheitsliebe, verkümmert in dieser Atmosphäre. Das heißt nicht, dass eine Beleidigung nicht klar zurückgewiesen werden dürfte. Aber sie soll nicht durch eine neue Beleidigung vergolten werden.

Lasst euch, so sagt Pythagoras abschließend zu den Knaben, von den Älteren leiten, denn sie haben die Erfahrungen eines schon gelebten Lebens. Man wird einschränken müssen: Lasst euch von den Älteren leiten, so weit sie vertrauenswürdig sind und selbst an Reinheit und Wahrheit glauben. Um so größer ist die Verantwortung der Erwachsenen, richtig zu leiten und das Kind nicht zu verderben, da ein Kind Leitung braucht und von Natur aus Leitung sucht.

Die Rede an die Frauen

Auch die Frau hat auf Grund ihrer besonderen Beschaffenheit eine besondere Beziehung zur „Harmonie der Sphären" und daher auch eine besondere Aufgabe für sich und andere. Pythagoras sagt in seiner Rede an die Frauen, „dass das Geschlecht der Frauen am tiefsten zur Frömmigkeit veranlagt ist" (J 56). Damit ist gemeint, dass die Frau, im Vergleich zum Mann, mehr von der Empfindung geprägt, verständnisvoller, weitherziger und rücksichtsvoller ist. Sie ist auch empfänglicher für spirituelle Einflüsse. Sie zweifelt nicht so schnell wie der Mann, da sie mehr ihrem Herzen vertraut. Sie ordnet ihren Verstand eher ihrem Herzen unter, während der Mann durch skeptische Erwägungen die Stimme des Herzens gerne abtötet.

Diese Stärke der Frau hat Pythagoras im Blick, wenn er davon spricht, dass den Frauen vor allem die Opfer für die Götter obliegen. Opfern heißt nicht nur, Opfergaben vor Tempelaltären niederzulegen. Opfergaben sind auch Symbol für die Hingabe, Dankbarkeit und Ehrfurcht, die der Mensch der Welt des Geistes entgegenbringt. Wenn er das tut – und dazu ist die Frau auf Grund ihrer seelischen Konstitution besonders disponiert –, strömen dem Opfernden als Reaktion darauf die „Gaben der Götter": die Kräfte aus der spirituellen Welt, zu. So können die Frauen in besonderem Maß die Verbindung zwischen der Welt des Geistes und dem Menschen herstellen und aufrechterhalten. Durch ihre Empfänglichkeit führen sie ihrer Umgebung die Kräfte der spirituellen Welt zu. Die Männer hingegen haben mehr die Aufgabe, die Ordnung der spirituellen Welt zu erkennen und ihr Geltung zu verschaffen. In dieser Arbeitsteilung und Ergänzung liegt die große Chance eines gleichberechtigten Zusammenwirkens der Geschlechter, wobei selbstverständlich ist, dass auch jeder Mann seine Gefühlsseite hat und pflegen muss und jede Frau ihre Verstandesseite. Dadurch wird auch in einzelnen Menschen, ob Mann oder Frau, die Harmonie zwischen den „männlichen“ und den „weiblichen“ Seeleneigenschaften entwickelt.

Pythagoras weist auch in der Rede an die Frauen wieder auf die besonderen Gefahren und Chancen hin, die den Hörerinnen bei der Erfüllung ihrer Aufgabe begegnen können. „Redet euer Leben lang selbst nur wenige und gute Worte und seht darauf, dass auch die anderen über euch nur Gutes reden können“ (J 55). Im Sprechen und der Wahl der Worte liegt die besondere Möglichkeit der Frau, die Kräfte, die sie aus der spirituellen Welt empfängt, weiterzugeben. In der Verfehlung dieser Möglichkeit, in Schwatzsucht und Klatschsucht, liegt die besondere Gefährdung der Frau. Denn dadurch zerstört sie den Fluss der Kräfte aus der Welt des Geistes.

Auch sei sie selbstständig, bereite „mit eigener Hand“ das Opfer, sei frei von Grausamkeit: „mit Mord und Totschlag (von Tieren) ehrt das Göttliche nicht“ (J 54), und frei von Verschwendungs- und Putzsucht. Auch durch eheliche Untreue zerstört die Frau ihre Verbindung zur „Harmonie der Sphären“. „Kommst du von deinem ehelichen Gemahl, so ist es göttliches Recht, noch am selben Tag die Heiligtümer zu betreten, nach Verkehr mit einem Fremden aber niemals.“

Die Wirkung der vier Reden und des Auftretens des Pythagoras in Kroton muss enorm gewesen sein. Er hatte, aus den „Harmonien der Sphären“ schöpfend und sie bewusst erkennend, immer gerade die spirituellen Möglichkeiten angesprochen, die in seinen Hörern schlummerten. Sie brauchten offenbar nur das zündende Wort, um aufzuwachen. Die spirituelle Anlage in vielen Menschen drängt nach Entfaltung und wartet nur auf den entsprechenden Anstoß. Der Senat Krotons jedenfalls, so berichtet Jamblichos, entschloss sich, das von Pythagoras vorgeschlagene Musenheiligtum zu errichten, und stellte dem Pythagoras Räumlichkeiten zur Verfügung, wo er mit seiner Lehrtätigkeit beginnen konnte. Ja er ging sogar so weit, dass er nach den Vorgaben des Pythagoras eine neue Verfassung einführte, die der Gerechtigkeit im Staat besser entsprach. Und die Frauen, entschlossen, von jetzt an ihrer eigentlichen Identität zu folgen und sich nicht mehr von hunderterlei Dingen ablenken zu lassen, hängten ihre prachtvollen Kleider im Heiligtum der Hera auf und befreiten sich so, konkret und symbolisch, von dem übertriebenen Wunsch, gut auszusehen und Eindruck zu machen.

Die Organisation der Schule

Pythagoras konnte nun damit rechnen, dass sich zumindest einige der Hörer, die von seinen Reden so berührt worden waren, entschließen würden, sich ihm als ihrem Lehrer und Seelenführer anzuvertrauen. Und in der Tat: Es gab eine ganze Anzahl, die ihren „Geist bilden“ wollten. Das bedeutete nicht in erster Linie, Wissen zu erwerben, sondern die eigene, spirituelle Identität und ihre Einbettung in die Harmonie der Sphären kennen zu lernen, zu entfalten und ihr eine Fassung zu geben, zugleich aber auch die dem entgegenstehenden Hindernisse im eigenen Charakter zu überwinden. War dies einmal geglückt, konnte der Schüler mit den neu erworbenen Einsichten und Kräften wieder in der Welt wirken, deren Gesetze er, ebenfalls in der Schule des Pythagoras, gründlich studiert hatte.

Dies war ja das Ziel der Schule des Pythagoras und das Ziel seiner Philosophie: „den Geist vor den vielen Fesseln und Bindungen, die ihn von klein auf festhalten, zu bewahren und von ihnen zu befreien; ohne ihn kann ja überhaupt niemand etwas Gesundes und Wahres erlernen und erschauen...“. Denn der Geist „sieht alles und hört alles; doch das übrige ist blind und taub“ (J 228). Es war eine Mysterienschule und eine Mysterienphilosophie, durch die die im Menschen verborgene spirituelle Identität, sein göttlicher Funke, entwickelt werden sollte. „Da sie (die

Philosophie des Pythagoras) anfangs aus Götterhand empfangen wurde, lässt sie sich nur mit Hilfe der Götter erfassen ... nur wenn ein Gott gnädig die Anleitung gibt, kann man wohl in schrittweiser Annäherung sich langsam ein Stücklein von ihr aneignen" (J 1).

Diesem Charakter und Ziel der Schule musste ihre Organisation entsprechen. Sie musste so aufgebaut sein, dass alle Einrichtungen und Regeln, die „Hausordnung" gewissermaßen, das Ziel begünstigten und alle Fehlentwicklungen und ungünstigen Einflüsse möglichst draußen hielten.

Wesentlich war eine Zweiteilung der Organisation, entsprechend der Vorbereitung auf das spirituelle Leben einerseits, der selbstständigen Praxis des spirituellen Lebens andererseits.

Wer Schüler des Pythagoras werden wollte, wurde zunächst streng geprüft: ob sein Wunsch, in die Schule einzutreten, dem Bedürfnis nach spiritueller Entwicklung entsprang oder vielleicht vor allem dem Geltungsbedürfnis, der Neugierde, dem Ehrgeiz. Ob dieses Bedürfnis stark genug war, um den Schüler zum Durchhalten zu befähigen. Ob die charakterlichen Voraussetzungen für einen spirituellen Weg vorlagen: Wahrheitsliebe, Ehrlichkeit, Fähigkeit zuzuhören und zu lernen, Fleiß und Eifer, Bereitschaft, sich notfalls unterzuordnen, sich in eine Gemeinschaft einzuordnen, und trotzdem innere Selbstständigkeit zu entwickeln. Ob auch die verstandesmäßigen Voraussetzungen vorlagen. Diese Prüfung nahm Pythagoras vor, indem er den Bewerber lange und genau beobachtete: in seinem Verhalten zu den Eltern, zu Gleichaltrigen, in seinen Reaktionen auf schwere Aufgaben, in seinen alltäglichen Interessen. Auch hieß es, Pythagoras habe eine besondere Fähigkeit besessen, aus der Physiognomie eines Menschen auf dessen Inneres zu schließen. Wie lachte der Neuling, wie reagierte er auf Spott oder Gleichgültigkeit? Verstellte er sich, suchte er sich in den Vordergrund zu drängen?

War diese Prüfung bestanden, so wurde der Novize in das vorbereitende Stadium der spirituellen Entwicklung aufgenommen, das nach den überlieferten Quellen fünf Jahre dauerte. In dieser Zeit wurde er, jedenfalls später, als die Schule voll ausgebaut war, noch nicht von Pythagoras selbst, sondern von fortgeschritteneren Schülern der zweiten Phase des spirituellen Weges unterrichtet. Charakteristisch für dieses vorbereitende Stadium war das „Schweigen". Es galt, dass der Schüler vorläufig nur zuhörte und in sich aufnahm, was ihm an Regeln und Erkenntnissen dargelegt wurde. Es kam darauf an, dass er die vorbereitenden Schritte auf dem spirituellen Weg gut verstand, in sich erwog und in die Praxis umsetzte, dass er die Probleme, die sich in dieser Phase seines Wegen zeigten, durchschaute, an sich selbst wahrnahm und Mittel fand, mit ihnen umzugehen; dass er die spirituellen Hintergründe seines Weges, die Berechtigung und

Notwendigkeit eines solchen Weges im ganzen Weltgeschehen und im Zusammenhang der Menschheitsentwicklung einsah und sich immer deutlicher bewusst machte. Mit einem Wort: dass er Selbsterkenntnis und Erkenntnis der Situation, in der er sich als Mensch und Teil des Kosmos befand, gewann. Hier ging es also um Empfänglichkeit und Aufgeschlossenheit, Arbeit an sich selbst und einen Gang ins eigene Innere, was alles sich durch den Begriff „Schweigen" umschreiben lässt. Es war sicher nicht so, dass die Schüler in dieser Phase kein Wort sprechen durften. Im Gegenteil: die Berichte weisen darauf hin, dass die Schüler in Gesprächen sehr intensiven Gedankenaustausch pflegten.

In den Berichten ist auch zu lesen, dass Pythagoras diese Schüler der Vorbereitungsphase nicht selbst unterrichtete. Er unterwies persönlich nur die Schüler der eigentlichen spirituellen Praxis. Symbolischer Ausdruck für diese Situation war ein „Vorhang" (J 72), der die Unterrichtsräume der Anfänger von denen der Fortgeschrittenen trennte, so dass die Anfänger Pythagoras in seiner Rolle als Lehrer nie zu Gesicht bekamen. Seitdem werden überall auf der Welt Schüler auf dem spirituellen Weg, die bewusst die spirituellen Tatsachen im eigenen Inneren aufnehmen, als „Esoteriker", Menschen, die „drinnen" sind, bezeichnet, Schüler dagegen, die die spirituellen Tatsachen zunächst nur von außen mitgeteilt bekommen, als „Exoteriker" – Menschen, die „draußen" sind. Die Exoteriker nähern sich den Geheimnissen der eigentlichen Identität des Menschen und der geistigen Welt von außen, bekommen sie erklärt und bereiten sich auf die Erfahrung dieser Geheimnisse, „die Einweihung“, vor. Den Esoterikern offenbaren sich die Mysterien im Innern, sie erfahren sie allmählich, sie werden in sie „eingeweiht“, sie werden selbst zu spirituellen Wesen, die bewusst in der Welt des Geistes leben.

Pythagoras als Lehrer war selbst ein bewusstes spirituelles Wesen. Unmittelbaren Zugang zu ihm als Eingeweihtem konnten nur Menschen gewinnen, in denen die spirituelle Identität ebenfalls bewusst erwacht war. Alle anderen waren allein schon durch ihre seelische Beschaffenheit von ihm getrennt. Diesem Umstand gab der „Vorhang“ symbolischen Ausdruck. Er erinnerte die Schüler der Mysterienschule an diesen Sachverhalt. Dem eigentlichen Pythagoras, dem Repräsentanten der Welt des Geistes, konnte man nur auf der spirituellen Ebene begegnen. Das schloss nicht aus, dass Pythagoras mit all seinen Schülern außerhalb der Unterrichtspraxis regen Umgang pflog.

Nach dem Noviziat, der Zeit der Vorbereitung, trat der Schüler in den inneren Kreis, die eigentliche Mysterienschule ein, in der sich ihm in der erwachten Seele die spirituellen Tatsachen als Erfahrung schrittweise enthüllten. Dieser Phase waren keine zeitlichen Grenzen gesetzt.

In dem Maß, wie sich die wahre Identität im Schüler entfaltete, wirkte er für andere, teils für die jüngeren Schüler, teils für die Umwelt. Und in dem Maß, wie er für andere wirkte, wuchsen wiederum seine spirituellen Kräfte und Erkenntnisse. Es gab aber natürlich auch in dieser Phase die Möglichkeit des Scheiterns oder des Austritts aus der Schule. Vielleicht wurde so manchem erst nach Jahren bewusst, dass er etwas ganz anderes bei Pythagoras gesucht hatte, als er tatsächlich dort fand. Vielleicht hatte er insgeheim doch nach Macht und Einfluss durch die Entwicklung besonderer Fähigkeiten gestrebt und wurde nun durch die Erfahrung enttäuscht, dass spirituelle Entwicklung nur durch Arbeit für andere nach den Gesetzen der geistigen Welt möglich ist. Vielleicht hatte er keine sensationellen inneren Erlebnisse, die er sich vorgestellt haben mochte. Vielleicht war er gekommen, um Geborgenheit und Anerkennung in einer Gruppe zu finden, und hatte nicht einsehen wollen, dass der spirituelle Weg ein hohes Maß an Eigenständigkeit verlangt. Wenn ein Schüler austrat, pflegten die Zurückbleibenden einen Grabhügel für ihn anzulegen, Sinnbild dafür, dass er seiner eigentlichen Identität nach, die gerade erst geboren war und in der Mysterienschule wachsen oder bewusst werden wollte, wieder gestorben war.

Pythagoras muss in Kroton ein eigenes Haus besessen haben, wo er, vielleicht in einem großen Lehrsaal, seine Schüler unterrichtete.

Inwieweit diese ständig in seiner Nähe, auf seinem Gelände, wohnten, oder sich nur regelmäßig zum Unterricht und zu gemeinsamen Mahlzeiten dort einfanden, im übrigen aber in Kroton ihren Beschäftigungen nachgingen, lässt sich aus den Berichten nicht eindeutig klären. Auf jeden Fall gab es Aufwendungen für gemeinschaftliche Unternehmungen und deshalb auch eine gemeinsame Kasse, aus der die materiellen Bedürfnisse der Einzelnen der Gemeinschaft finanziert wurden – jedoch keine Gütergemeinschaft in dem Sinn, dass ein neuer Schüler sein ganzes Vermögen der Schule übertrug. Zahlreiche Berichte zeigen, dass die Pythagoreer sehr wohl noch über eigenes Vermögen verfügten, sei es, während sie im „Ashram" des Pythagoras lebten, sei es, wenn sie ihn schon verlassen hatten. Die gemeinsame Kasse diente wohl nur der Finanzierung der Schule selbst und der damit verbundenen organisatorischen Aufgaben der Schüler. Auch gab es Gremien zur Verwaltung einzelner Bereiche des Zusammenlebens, für Neubauten, Haus und Küche, Bibliothek, Sport, Betreuung von Zugehpersonal, Verhältnis zur Außenwelt, und ähnliches.

Über den Tagesablauf eines Schülers schreibt Jamblichos: „Ihre Morgenspaziergänge machten die Pythagoreer allein. Sie gingen an Orte, an denen Einsamkeit und gebührende Stille herrschte, wo Heiligtümer, wo Haine waren und was sonst das Herz erfreut. Glaubten sie doch, man dürfe nicht mit einem

Menschen zusammentreffen, ehe man die eigene Seele gerüstet und sein Denken geordnet habe. Solche Ruhe sei der Zurüstung des Denkens angemessen...

Nach dem Morgenspaziergang trafen sie dann zusammen, mit Vorliebe in Tempeln, andernfalls an ähnlichen Stätten. Sie nutzten diese Gelegenheit zum Lehren und Lernen und zur Aufrichtung des Charakters. Nach solchem Lehrgespräch wandten sie sich den Leibesübungen zu ... Alle bemühten sich, solche Übungen auszuwählen, die geeignet waren, die Kräfte des Körpers gut zu entwickeln.

Ihr Mittagsimbiss bestand aus Brot mit Honig oder einer Wabe. Wein tranken sie tagsüber nicht.

Die Zeit nach dem Imbiss widmeten sie den öffentlichen Geschäften, Fragen der Außenpolitik und des Verhältnisses zu den Fremden, weil das Gesetz es so befahl.

Am Spätnachmittag gingen sie wieder spazieren, aber nicht wie am Morgen einzeln, sondern zu zweien und zu dreien, erinnerten sich an das Gelernte und übten sich in den edlen Studien.

Nach dem Spaziergang badeten sie, darauf trafen sie sich zum gemeinsamen Mahl. Dabei durften nicht mehr als zehn Menschen zusammen speisen. Waren die Tischgenossen versammelt, so opferte man Wein, Räucherwerk und Weihrauch...

Auf diese Mahlzeit folgten Trankopfer, darauf Lektüre. Gewöhnlich las der Jüngste vor, und der

Älteste gab an, was er vorzulesen hatte und wie..." (J 96 – 99).

Eine sehr ruhige Tagesgestaltung also, keine ablenkenden Einflüsse, sehr einfache Nahrung, keine Massenversammlungen, sondern Tischgemeinschaften zu zehnt. Dadurch blieb alles überschaubar, dadurch war ein ausgewogenes Verhältnis zwischen Selbstbesinnung und Gespräch, Leibes- und Seelenübung, Hinwendung zu spirituellen und materiellen Dimensionen des Lebens geschaffen. Gewiss haben auch Rezitationen und Musik eine erhebliche Bedeutung im Alltag der Gemeinschaft gespielt, was sich den Berichten entnehmen lässt (J 110 und 111).

Die Mysterienrituale

Das gesamte Leben der Schule des Pythagoras war auf religiöser Grundlage aufgebaut, da es ein religiöses Ziel hatte. „Alles, was sie über Tun und Lassen bestimmen, zielt auf das Göttliche. Dies ist der Ursprung, die ganze Lebensgestaltung ist darauf ausgerichtet, dass man Gott folge, und dies ist der eigentliche Sinn der pythagoreischen Philosophie. Denn etwas Lächerliches tun die Menschen, wenn sie von irgendwo anders her das Heil erwarten als von den Göttern“ (J 86 und 87).

Der Kern dieser religiösen Grundlage der Pythagoreer war ein Mysterienkult.[13] „Religion“ bedeutet dabei nicht in erster Linie einen Glauben an Dogmen, sondern einen inneren Weg der Verwandlung des Menschen, durch den seine spirituelle Identität erwacht und die verlorene, bewusste Verbindung mit der Welt des Geistes wiedergewinnt (Re-ligio = Wiederverbindung).

Herodot schreibt an einer Stelle: „Und darin stimmen sie (die Ägypter) überein mit den sogenannten orphischen und bacchischen (dionysischen) Riten, die in Wirklichkeit pythagoreische sind.“[14] Das lässt sich nur so verstehen, dass die Pythagoreer orphische bzw. dionysische Riten, einen dionysischen Mysterienkult, praktizierten, der auf ägyptische Quellen zurückging. In diesem Sinn schreibt Jamblichos (151): „Im ganzen soll Pythagoras in Redeweise und Gesinnung dem Orpheus nachgeeifert haben ... deren (der Orphiker) Läuterungsriten und was man die ‚Mysterien' nenne, verkünde er, da er die genaueste Kenntnis von ihnen habe. Weiter soll er die göttliche Philosophie und den Kult als Synthese gestaltet haben, indem er das eine bei den Orphikern lernte, das andere bei den ägyptischen Priestern, wieder anderes bei den Chaldäern und Magiern, manches auch aus den Mysterien in Eleusis, Imbros, Samothrake und Lemnos."

Mysterienkulte stellen symbolisch die inneren Prozesse dar, die der Mensch auf dem Mysterienweg erlebt. In Ägypten war Osiris dabei die Verkörperung der spirituellen Identität des Menschen und der Menschheit und Isis Verkörperung der Seele des Menschen. Seth, Verkörperung der Sinnenwelt und ihrer Einflüsse, hatte Osiris getötet und zerstückelt. Das heißt, der gegenwärtige Zustand des Menschen und der Menschheit ist der des geistigen Todes: Das eigentliche Selbst, Osiris, lebt nicht, es ist dem Menschen nicht bewusst, der Mensch ist völlig in der Vielheit der Sinneserscheinungen und -wahrnehmungen verloren und „zerstückelt". Isis, seine Seele, kann das bemerken und wie die ägyptische Isis der Mysterien klagend durch die Welt irren, auf der Suche nach dem verlorenen Gemahl, dem spirituellen, ganzen Menschen. Aus ihr kann aber ein Spross des Osiris geboren werden: Horus, Verkörperung eines Bewusstseins, das die gegenwärtige Situation des Menschen erkennt und, Erfahrung nach Erfahrung machend, heranwächst. Es kommt der Zeitpunkt, da dieses Bewusstsein so stark geworden ist, dass es die Schleier und Einflüsse der Sinnenwelt zerreißen kann. Es befreit den Menschen von der Gefangenschaft durch die Sinnenwelt. Horus überwindet Seth. In diesem Augenblick tritt Osiris wieder aus seiner Höhle, dem Unterbewussten, hervor, lebendig, bewusst geworden, wirksam geworden. Die „tote" spirituelle Identität des Menschen ist vom Tod auferstanden, der zerstückelte Mensch ist ganz geworden und lebt bewusst in der Welt des Geistes. Die Seele ist mit ihrem Gemahl, dem Geist, wiedervereinigt. Osiris, Isis und Horus sind aufeinander abgestimmt. Die geistige Wurzel im Menschen leitet seine Seele, und Geist und Seele verfügen über eine spirituell bewusste Persönlichkeit als Handlungs- und Ausdrucksinstrument.

In Griechenland wurden die selben inneren Vorgänge unter anderem in den dionysischen Mysterien dargestellt, die, wie es heißt, von Orpheus aus Ägypten nach Griechenland gebracht wurden.[15] Statt Osiris war es hier der Gott Dionysos, der nicht von Seth, sondern von den Titanen zerrissen wurde: Dionysos, das spirituelle Selbst des Menschen, wird von den Titanen, den Verkörperungen der dumpfen Triebe und Gewalten der Sinnenwelt, zerstückelt. Die Seele klagt um das Verlorene. Aber bald darauf bringt sie einen Sohn zur Welt, das Kind Dionysos Zagreus. Es wächst heran, es bietet die Gewähr für die Wiederauferstehung des „toten“ spirituellen Selbst.

Wie in Ägypten der Osiris-Isis-Kult hatte auch der griechische Dionysoskult zwei große Abschnitte: einen Abschnitt der Klage um den Toten, den Verlorenen, und einen Abschnitt der Freude, des ekstatischen Jubels über den Wiedergefundenen, Auferstandenen. Der erste Abschnitt veranschaulichte den gegenwärtigen Zustand des Menschen und die Erkenntnis des Menschen, wie es um ihn steht – dass nämlich sein wahres Selbst unwirksam und unbewusst geworden ist –, die Klage darüber, die Sehnsucht nach dem verlorenen spirituellen Zustand und die ersten Versuche, die Einflüsse der Sinnenwelt aufzulösen, um allmählich wieder spirituelle Freiheit zu gewinnen. Genau diese durch den ersten Abschnitt des Mysterienkultes dargestellte erste Phase des Mysterienweges vollzogen die Schüler des Pythagoras bewusst in den Jahren ihrer Vorbereitung auf den eigentlichen Mysterienweg, als Exoteriker also. Hier ging es um die „Reinigungen“, ägyptisch gesprochen: um die Unterwerfung des Seth, orphisch gesprochen: um die Überwindung der „Titanen“, der Triebe, Wünsche und Illusionen.

Der zweite Abschnitt des Dionysoskultes veranschaulichte die Wiederauferstehung des Dionysos in Gestalt des Kindes Dionysos Zagreus, also das Wachwerden und Bewusstwerden der spirituellen Identität im Menschen, seine endgültige Befreiung von der Vergänglichkeit der Sinnenwelt und seinen bewussten Eintritt in die Welt des Geistes. Was der Mysterienkult äußerlich darstellte, das erlebten die Schüler des Pythagoras in den Jahren als Esoteriker innerlich. Es waren die „Weihen“, die Einweihung in die Gesetze und Kräfte der Welt des Geistes, die Erfahrung dieser Gesetze und Kräfte und das Leben daraus. Auf lange Sicht wurde der Mensch wieder eins mit seiner Bestimmung: Entfaltung der spirituellen Identität, Hingabe aller psychischen Kräfte an diese Identität und Ausdruck dieser Identität und Kräfte durch eine bewusste Persönlichkeit, die, frei von allem Egoismus und Irrtum geworden, die Gesetze und Kräfte der geistigen Welt vollzog.

So wurde die Lebenspraxis der Pythagoreer immer auch durch einen anschaulichen Kult und Rituale vergegenwärtigt und unterstützt. Im Ritual nahmen sie vorweg oder bestätigten, was sie durch die bewusste Arbeit an sich selbst, geführt von Pythagoras, in langen Jahren realisieren mussten und wollten. Durch das Ritual wurden sie schon mit der Welt des Geistes verbunden, mochten sie auch noch keine bewusste Verbindung damit hergestellt haben. Durch das Ritual flossen ihnen Kräfte aus der Welt des Geistes zu, die ihnen ihren Weg ermöglichten. Denn das Ritual war in seiner Struktur analog den Gesetzen der geistigen Welt und des spirituellen Weges aufgebaut. Das Ritual, der Mysterienkult, war das Herzstück der pythagoreischen Gemeinschaft. Durch das Ritual verband Pythagoras seine Schüler immer aufs neue mit der Ordnung und den Kräften der geistigen Welt. Verwirklichen mussten sie diese Ordnung und Kräfte dann selbst in der Lebenspraxis.

Welche Formen der Mysterienkult bei Pythagoras im einzelnen annahm, lässt sich nicht mehr rekonstruieren. Ob er außerhalb des Geländes der Schule in für auch andere Mysten zugänglichen Weihestätten stattfand oder nur für die Pythagoreer auf dem Gelände der Schule, ist unerheblich.

Wahrscheinlich verzichtete der nüchterne Pythagoras auf die gröberen Aspekte des Kultes, die sonst in Griechenland üblich waren: auf die Verkleidung mit Hirschkalbfellen, wodurch der Myste in die Haut eines Titanen schlüpfte und sich seinen gegenwärtigen „tiermenschlichen" Zustand veranschaulichte, auf das blutige Tieropfer, durch das die Zerstückelung des Dionysos dargestellt wurde, und das Opfermahl, bei dem man das Fleisch sogar roh verzehrte. Man weiß von Pythagoras, dass er alle blutigen Opfer und jeden Fleischgenuss nachdrücklich ablehnte. Hätte er Fleischgenuss beim Vollzug des Mysterienkultes zulassen sollen? Auch verzichtete er sicher auf die ausschweifenden Klagegesänge und Jammergesten, sowie die ekstatischen Jubelrufe, mit denen die Mysterien üblicherweise gefeiert wurden. Es genügte, wenn sich seine Schüler möglichst intensiv und trotzdem nüchtern in die mystischen Vorgänge hineinversetzten und äußerlich vollzogen, was dann vor allem innerlich erfahren werden musste. Solche Eindrücke, die sich vielleicht alle drei Jahre (ähnlich wie die Dionysosfeste sonst in Griechenland) wiederholten, bildeten den still wirkenden Hintergrund für alles Lernen und Sich-Entwickeln in der Schule des Pythagoras.

Opfervorschriften und Lebensregeln

Die Rituale wurden ergänzt durch die täglichen Opfer. Die Speise-, Rauch- und Trankopfer galten allen denkbaren Göttern (J 152), vor allem aber auch Apollon und seinen neun Musen, unter deren besonderen Einfluss Pythagoras sich selbst und seine Schule gestellt hatte. Mit jedem Opfer nahmen die Pythagoreer bewusst Beziehung zur Welt des Geistes auf. Sie dokumentierten damit, dass sie all ihre Fähigkeiten und Kräfte der Welt des Geistes, die in ihnen und um sie war, zur Verfügung stellen wollten, und empfingen durch dieses „Opfern" ihrer Hingabe und Dankbarkeit die spirituellen Kräfte, die ihnen ihren Weg ermöglichten. Mit jedem Opfer an eine bestimmte Gottheit belebten sie im eigenen Wesen ein spirituelles Prinzip, das diese Gottheit verkörperte – Weisheit etwa oder die Fähigkeit, spirituelle Tatsachen künstlerisch auszudrücken, was dem Apollon entsprach. Diese Opfer waren somit keineswegs bloße Konventionen oder gar der Versuch, die „Götter" zu manipulieren. Wer sein Leben auf die Welt des Geistes ausrichtet – das ist Opfer –, erhält von ihr die Kraft, aus ihr zu leben. Das ist auch keine Unterwerfung unter eine äußere Autorität, sondern ein Verhalten, durch das die eigentliche, spirituelle Identität des Menschen, sein wahres Selbst, erst Freiheit und Spielraum erhält.

Zahlreich waren die Opfervorschriften. „Andere (Sprüche) sind sehr lang und handeln davon, wie man bei einzelnen Anlässen die Opfer vollziehen soll, unter anderem auch beim Scheiden aus der Welt und bei der Bestattung“ (J 85). Es geht dabei immer darum, dass der Opfernde weiß, welchen Sinn diese Opfervorschriften haben. Dann nämlich erinnern sie ihn an seine innere Entwicklung und unterstützen sie. So galt zum Beispiel die Regel: „Opfern soll man unbeschuht, ebenso an die Heiligtümer herantreten“ (J 85). Denn für die Aufnahme einer Verbindung zur spirituellen Dimension ist Voraussetzung, dass der Mensch seine alten Gewohnheiten, seien sie mental, psychisch oder materiell, ablegt und wenigstens vorübergehend die Bindung zur Dimension des Vergänglichen auflöst: aus seinen alten Schuhen heraustritt.

Eine andere Vorschrift lautete, man solle den Göttern der Unterwelt nur gerade Stückzahlen von Opfergaben darbringen, den oberen Göttern dagegen ungerade (P 38). So etwas klingt in heutigen Ohren wunderlich, falls man nicht weiß, dass Gerade und Ungerade bei den Pythagoreern, wie sich bei ihrer Interpretation der Zahlen schon gezeigt hat, eine besondere Bedeutung hatten. Ungerade, vorzugsweise die Eins, steht für Spirituelles, Zielgerichtetes, für die Einheit des Menschen mit seiner Bestimmung. Den oberen Göttern opfert er ungerade Stückzahlen von Opfergaben, weil die oberen Götter das Reich des Geistes repräsentieren. Den Göttern der Unterwelt bringt er gerade Stückzahlen dar, weil sie das Reich der Zweiheit, des Todes und der Vergänglichkeit verkörpern. Auch ihnen muss er seinen Tribut entrichten, auch sie haben ihre Funktion im großen Ganzen und für ihn selbst.

Die Pythagoreer haben keine Tiere geopfert. Wenn alle Wesen miteinander verwandt sind, wäre es ungereimt, gerade zum Zweck der Aufnahme einer Verbindung mit dem Göttlichen sich eines „Verwandtenmordes" schuldig zu machen. Angaben, dass Pythagoras das Opfern bestimmter Tiere verboten, anderer jedoch erlaubt habe, können sich nur darauf beziehen, dass er sich an Nicht-Pythagoreer wandte, um ihnen wenigstens die schlimmsten Vergehen gegen das göttliche Gesetz zu ersparen. Denn Tiere, die den Göttern heilig waren und unter ihrem besonderen Schutz standen, durften keinesfalls geopfert werden, etwa der weiße Hahn, der dem Mondgott und dem Sonnengott heilig war. Das war ein persisches Opfertabu,[16] was beweist, dass Pythagoras tatsächlich auch bei den persischen Magiern gelernt hatte. Ein weiteres, aus Ägypten stammendes Tabu bezog sich auf die Opferung bestimmter den Göttern der Unterwelt heiliger Fische.

Weitere religiöse Vorschriften des Pythagoras betrafen die Kleidung und bestimmte Waschungen der Pythagoreer. Sie durften, wohl besonders bei kultischen Anlässen, nur linnene, nicht wollene Kleider tragen, und die Kleider mussten weiß sein. Auch das erklärt sich aus der symbolischen Bedeutung solcher Regeln. Kleider sind Sinnbilder für den die Seele umhüllenden Körper. Dieser Körper muss rein sein, wenn er dem wahren Selbst zum Ausdruck dienen soll, er muss frei von dominierenden Leidenschaften und Bedürfnissen geworden sein. Dafür steht die Farbe Weiß. Und Wolle bringt mit dem Tierreich in Verbindung. Animalische Energien verstärken die Leidenschaften des Menschen, während das Pflanzenreich – Linnen – Unschuld und Ruhe begünstigt. Die vor den Opferungen vorgeschriebenen Waschungen erinnerten den Schüler ebenfalls an die Notwendigkeit, sich, bevor er mit dem Heiligen in Beziehung trat, von allem Unheiligen im Denken, Fühlen und Wollen zu reinigen.

Der selben Reinheit des Körpers als einer Voraussetzung für den spirituellen Weg dienten die pythagoreischen Ernährungsvorschriften. Generelle Regel war die Enthaltung von Fleisch. Denn wie Tiere nicht geopfert werden durften, weil sie „Verwandte" des Menschen sind, so durften sie erst recht nicht gegessen werden. Wer wird denn seine Verwandten essen! Deshalb ernährten sich die Pythagoreer nur von Pflanzenkost oder den Erzeugnisses des Tieres. „Ihr Mittagsimbiss bestand aus Brot mit Honig oder einer Wabe. Wein tranken sie tagsüber nicht", schreibt Jamblichos (J 97). Ein anderer Grund für die Enthaltung von tierischem Fleisch, vom Fleisch beseelter Lebewesen, war die innere Verfassung, die dadurch im Menschen begünstigt wurde. „Sich des Beseelten zu enthalten, machte Pythagoras unter anderem auch deshalb zum Gesetz, weil diese Übung Frieden stifte. Gewöhnten seine Jünger sich nämlich, Tiermord als ungesetzlich und widernatürlich zu verabscheuen, so mussten sie erst recht das Töten eines Menschen für noch viel größeren Frevel halten und daher keine Kriege mehr führen" (J 186). Die Rücksicht auf alles Lebendige, weil es mit dem Menschen verwandt ist, führte übrigens selbstverständlich auch zu einem überhaupt umweltschonenden Verhalten der Pythagoreer. Pythagoras schärfte seinen Schülern ein: „Schädigt keine Pflanze, die dem Menschen dient und Früchte trägt, und zerstört sie nicht. Schädigt und zerstört auch kein Tier, sofern es nicht dem Menschengeschlecht schädlich ist" (J 99).

Besondere Verwunderung hat immer die Vorschrift des Pythagoras erregt, dass seine Schüler keine Bohnen essen sollten. Spätere Schriftsteller haben sich viele Gedanken darüber gemacht, was wohl der Grund dafür gewesen sein mag. Sehr wahrscheinlich ist, dass Pythagoras dieses Bohnenverbot aus Ägypten mitgebracht hatte. Denn Herodot berichtet,[17] dass die Ägypter keine Bohnen aussäten und keine aßen. Ja ihre Priester könnten es nicht einmal ertragen, Bohnen zu sehen. Was konnte hinter dieser auffällig starken Abneigung der ägyptischen Priester und später des Pythagoras gegen den Verzehr von Bohnen stecken?

Die ägyptischen Priester müssen einen nachvollziehbaren Grund für ihr Verhalten gehabt haben. Diogenes Läertios gibt an, die Pythagoreer enthielten sich der Bohnen, „weil diese infolge ihrer hauchartigen Beschaffenheit mehr Anteil am Seelenhaften hätten“ (DL 24). Hier könnte tatsächlich der eigentliche und einsichtige Grund für das Bohnenverbot liegen. Bohnen galten mehr als andere Pflanzen und Früchte als Speicher der feinen Energien des Menschen, und zwar offenbar negativer Art. Wenn ein Mensch Bohnen aß, nahm er also diese Energien – das negative „Seelenhafte“ – in sich auf, die ihn mit dem Jenseits, dem Reich der Toten und Dämonen, verbanden. So etwas muss auf dem spirituellen Weg vermieden werden. Der Schüler soll ja einerseits fest auf dem Boden der Tatsachen des Diesseits stehen, andererseits sich mit den Göttern der Welt des Geistes verbinden. Dort liegt sein Ziel, dieses Ziel soll er durch seine Ernährung unterstützen. Dem Reich der Toten und Dämonen dagegen soll er Ehrfurcht und Scheu entgegenbringen, sonst aber sich ihm möglichst fernhalten und es keinesfalls stören.

Es war von den Pythagoreern bekannt, dass sie die Wirkungen der Welt des Geistes möglichst wenig beeinträchtigen wollten, etwa durch übergroße Zweifelsucht oder betont kritisches Denken. Lieber verzichteten sie einmal auf Entlarvung falscher Wunder, als dass sie sich durch zu ausgeprägte Nüchternheit von dem subtilen Wirken der spirituellen Welt abgeschnitten hätten. Aristoteles schreibt von ihnen: „Denn sie vertrauen allem Derartigen und versuchen sich auch selbst vielfach darin und berichten, was für mythisch gilt, so, als zweifelten sie an nichts, was sich auf das Göttliche bezieht“ (J 138). Jamblichos berichtet: „Einmal soll auch jemand dem Pythagoras gesagt haben, es sei ihm gelegentlich im Schlaf, als unterhielte er sich mit seinem verstorbenen Vater. Er fragte den Meister: ‘Worauf deutet dies hin?‘ Pythagoras erwiderte: ‚Auf nichts!‘ Er habe sich vielmehr wirklich mit ihm unterhalten... So halten sie in allen solchen Dingen nicht sich selbst für einfältig, sondern die Misstrauischen“ (J 139).

Auch Wahrsagekunst betrieben die Pythagoreer, aber nicht etwa, um Übeln für ihre leibliche Existenz zu entgehen oder sich Annehmlichkeiten zu verschaffen. Sie argumentierten: „So ist klar, dass man das zu tun hat, woran Gott Freude hat. Dies zu wissen, ist aber nicht leicht, wenn man nicht auf jemanden, der einen Gott vernommen hat, oder auf einen Gott selbst hört, oder aber sich dieses Wissen durch göttliche Kunst verschafft. Darum befassen sie sich auch ernsthaft mit der Wahrsagekunst“ (J 138).

Die Akusmata

In den ersten Jahren seiner Zugehörigkeit zur Schule des Pythagoras hatte der Schüler vor allem „zuzuhören“ und das Gelernte im Leben umzusetzen. Er sollte also, bildlich ausgedrückt, in jeder Hinsicht „schweigen“, still werden, nicht mehr sich durchsetzen wollen. Durch diese Lebensführung sollte eine seelische Verfassung entstehen, die auf die Gesetze der Welt des Geistes abgestimmt war. War einmal diese Verfassung entstanden und gefestigt, konnte dem Schüler sein spiritueller Kern bewusst werden. Wenn sich ein Mensch in seinem ganzen Verhalten, in Gedanken, Gefühlen, Stimmungen und Handlungen, völlig auf die Interessen der vergänglichen Welt abstimmt, wird ihm, da diese Interessen den Gesetzen der geistigen Welt widersprechen, die geistige Welt niemals bewusst werden können. Gibt er seinem Bewusstsein und seinem Verhalten aber die Struktur, die der spirituellen Welt entspricht, können die Gesetze der spirituellen Welt in ihm wirken und ihm dadurch auch bewusst werden.

Um diese Bewusstwerdung ging es im zweiten Abschnitt des Mysterienweges in der Schule des Pythagoras.

Zuhören und das Gelernte umsetzen sollte also der Schüler im ersten Abschnitt des Weges. Auf was sollte er hören? Auf die Lehren über die Gesetze der göttlichen Welt und über den Weg, der zur bewussten

Erfahrung der göttlichen Welt führt. Die Lehren sollte er verinnerlichen, um diesen Weg auch tatsächlich beschreiten zu können. Sie wurden von Pythagoras für die Anfänger in Form von kurzen, einprägsamen Formeln und Gleichnissen gegeben, sogenannten „Akusmata", Hörsprüchen. Manche sind fast den fernöstlichen Koans zu vergleichen, so rätselhaft und unsinnig erscheinen sie. Der Schüler musste sie sich einprägen, erwägen, in sich arbeiten lassen, mit anderen darüber sprechen, bis ihm ihre Bedeutung klar wurde und er nach ihnen auch leben konnte. Jedes einzelne Akusma war ein hilfreicher Begleiter auf dem Weg des Schülers. Gerade durch seine oft sehr anschauliche, bildhafte Form haftete es ihm im Gedächtnis, und weil es ein Symbol war, wies es auf seelische und geistige Gesetzmäßigkeiten hin und forderte den Schüler zum Nachvollzug auf. In ihrer Gesamtheit bilden die uns überlieferten pythagoreischen Akusmata ein Kompendium des spirituellen Weges und seiner Begründung. Sucht man sie bei den verschiedenen Autoren zusammen und ordnet sie logisch, so präsentieren sie einen fast vollständigen Abriss der Mysterienlehren.

Eine Anzahl von Akusmata könnte man „theoretische" Akusmata nennen. Denn sie beziehen sich auf Grundgesetze und -tatsachen der spirituellen Welt. „Die Zahl – es gleichet ihr alles" (J 162). Die Zahlen sind Symbole für Entwicklungsstadien und Zustände der spirituellen Welt und des Kosmos: Einheit des

Ursprungs, Ausdifferenzierung in die ursprüngliche Zweiheit von Geist und Energiematerie, aus deren Zusammenwirken sich die Dreiheit eines ursprünglichen, göttlichen Bewusstseins ergibt. Dieses ist selbst wieder schöpferisch und beginnt als Vierheit auf einer neuen Ebene die ursprüngliche Dreiheit zu offenbaren.

„Der Anfang – die Hälfte des Ganzen" (J 162): Die Ausdifferenzierung der Einheit in die Zweiheit ist der Anfang der materiellen Welt, des ganzen uns erscheinenden Kosmos. Wenn sich dabei die Energiematerie gegenüber dem Geist verselbstständigt und absolut setzt, statt sich von ihm befruchten zu lassen und mit ihm zusammenzuwirken, entsteht eine von der spirituellen Ordnung und Kraft abgeschnittene Welt, eine dem Tod, Krankheiten, Alter und Leiden unterworfene Welt – unsere Welt. Gleichwohl wirkt in ihr, verzerrt, noch die Ordnung der spirituellen Welt, so dass sie ebenfalls der „Zahl gleicht" und von Zahlen, unveränderlichen Gesetzen, regiert wird.

Manche dieser Akusmata sind nach einem bestimmten Muster aufgebaut. Frage: Was ist, was sind? Und dann die Antwort.

„Was ist das Orakel von Delphi? Die Tetraktys (Vierheit)" (J 82). Auch in dieser vergänglichen Welt, die kein vollkommener Ausdruck der ursprünglichen Ordnung mehr ist, gibt es doch immer Stätten und Wesen, durch die sich die ursprüngliche göttliche Ordnung bemerkbar macht und den in die vergängliche Welt verstrickten Wesen von ihrem Ursprung berichtet. Ein solcher Ort ist Delphi, und das Orakel von Delphi ist Ausdruck der Gesetze der göttlichen Welt, der Vierheit. Alle Ereignisse in der vergänglichen Welt lassen sich an der Tetraktys, der spirituellen Ordnung messen, in ihrer Bedeutung beurteilen und nach ihrer Dauerhaftigkeit abschätzen. Sind sie auf die spirituelle Welt, die Tetraktys, bezogen, wird ihr Ergebnis ewig sein, sind sie es nicht, sind sie fruchtlos.

„Was ist die Harmonie, in der die Sirenen singen? Die Weltordnung“ (J 82). Die Sirenen sind ebenfalls Wesen, durch die die göttliche Ordnung zum Ausdruck gebracht wird, wie etwa auch durch die Musen. Wer, wie Pythagoras, die Sirenen singen hört, der erkennt bewusst die „Harmonie der Sphären“, die Ordnung der spirituellen Welt, und, als ihren Abglanz, die Ordnung des Kosmos der vergänglichen Welt, die Ordnung der Gestirne und Planeten. In einer Erzählung in dem von pythagoreischen Lehren beeinflussten letzten Buch der *Politeia* Platons regiert jeden Planeten eine Sirene. „Auf den Kreisen derselben aber säßen oben auf jeglichem eine mit umschwingende Sirene, eine Stimme von sich gebend, jede immer den nämlichen Ton, aus allen achten aber klänge dann *ein* Wohllaut zusammen.“[18]. Der „Gesang der Sirenen“ ist also tatsächlich identisch mit den „Sphärenharmonien“, die Pythagoras hörte.

„Was sind die Inseln der Seligen? Sonne und Mond“ (J 82). Wer durch das Gehen eines spirituellen Weges die spirituelle Welt in sich wirken und bewusst werden lässt, entwickelt sich zu einer geistig-seelischen Verfassung, die sich in Übereinstimmung mit der ursprünglichen, nicht von der geistigen Ordnung abweichenden Welt befindet. Mit seinem entfalteten spirituellen Wesen, dem individuellen Geist, lebt er in Einheit mit dem kosmischen Geist: der „Sonne“, und mit seiner entfalteten Seelenkraft, die auf die spirituelle Ordnung abgestimmt ist, in Einheit mit der ursprünglichen Energiematerie, durch den „Mond“ versinnbildlicht. Er ist unvergänglich geworden, schon während er noch im vergänglichen Körper lebt, und befindet sich kraft seines spirituellen und seelischen Zustandes auf den „Inseln der Seligen“. Er muss nicht bis nach dem Tod darauf warten. Wer diesen Zustand nicht schon im Leben entwickelt, wird nach dem Tod vergeblich darauf warten, auf die Inseln der Seligen zu gelangen. Er wird erneut in diese vergängliche Welt inkarnieren müssen.

Ebenfalls „theoretische“ Akusmata beschreiben die Kräfte und Hilfsmittel, die der Mensch in der vergänglichen Welt besitzt, um wieder zu seinem ursprünglichen Zustand zu gelangen. Ihre formale Struktur besteht in der Frage: Was ist das Größte, Beste, Schönste?, also irgendein Superlativ, und dann erfolgt die Antwort.

„Was ist der wahrste Ausspruch? Dass die Menschen elend sind“ (J 82). Das ist zu Mysterienschülern gesprochen, die auf Grund von vielen Erfahrungen zu der Einsicht gelangt sind, dass wirklich das Leben des Menschen auf dieser Erde elend ist. Es ist elend nicht nur wegen seiner Vergänglichkeit, nicht nur, weil es voller Schmerz und Unglück ist, nicht nur, weil all seine Freuden zeitlich sind und irgendwann einer Enttäuschung oder Leere Platz machen. Es ist vielmehr elend vor allem im Vergleich zum seelisch-geistigen Zustand, der im Menschen prinzipiell angelegt und die Bestimmung des Menschen ist. Gäbe es keinen Ausweg aus der jetzigen Lage des Menschen, müsste er sich mit seinem Unglück abfinden. Doppelt schwer wiegt aber das Unglück, weil es nicht notwendig wäre, weil der Mensch ja den Weg einschlagen könnte, der ihn, ohne dass er sein Unglück verdrängte, doch hinausführte in eine andere, glücklichere Verfassung.

Dann würde ihm, auf diesem Weg, die Erkenntnis zu Hilfe kommen: „Was ist das Weiseste? Maß und Zahl, danach aber, was den Dingen die Namen gibt“ (J 82). Er würde erkennen, dass nicht nur die spirituelle, sondern auch die irdische Welt, in der er jetzt lebt, eine Ordnung hat und nach geistig-seelischen Gesetzen regiert wird – den Zahlen –, die allem ihr „Maß“ geben. Sie sorgen dafür, dass alles, was dieser spirituellen Ordnung widerspricht, korrigiert und alles, was sich in Trägheit oder Übermaß von ihr entfernt, wieder zu ihr zurückgeholt wird. Schicksal, Krankheit, Alter und Tod sind solche Korrekturen, die dem Menschen ermöglichen, zur Einsicht in seine Lage zu kommen und sie bewusst zu verlassen, indem er sich wieder auf die Welt des Geistes ausrichtet.

Auch die Sprache, soweit sie Ausdruck der spirituellen Wahrheit ist, kommt ihm dabei zu Hilfe. Denn sie gibt den Dingen und Situationen ihre Namen, das heißt, sie charakterisiert sie am Maßstab der Wahrheit und macht dem Menschen bewusst, in welchem Verhältnis die ihm begegnenden Dinge und Situationen zur Wahrheit stehen. Fördern sie die Entfaltung seiner wahren Identität, oder behindern sie sie? Mittels der Sprache als dem Ausdruck des „Weisesten" – Zahl und Maß – hat der Schüler auf dem Weg die Möglichkeit, Illusionen und Lügen als solche zu entlarven, Wahrheit als solche zu erkennen und zu lieben, und vor allem auch einen Missbrauch dieses Instruments Sprache, mit dem Lüge als Wahrheit und Wahrheit als Lüge hingestellt werden kann, zu deklarieren.

„Was ist das Mächtigste? Die Einsicht" (J 82). Aus der Weisheit, der Erkenntnis der Struktur der Wirklichkeit, entspringt als zweites großes Hilfsmittel auf dem spirituellen Weg die Einsicht in die Bedingungen dieses Weges. Die Einsicht ist es, die den Schüler veranlasst, sein Leben und Handeln auf die spirituelle Ordnung der Wirklichkeit auszurichten. Sie ist es daher, die seinem Handeln Richtung und Konsequenz gibt und ihm auch die Ausdauer verleiht, alle Zweifel und Widerstände zu überwinden. Daher ist die Einsicht das Mächtigste. Nur ein Handeln, das auf der Einsicht in die spirituelle Ordnung der Wirklichkeit beruht und sich darauf bezieht, wird Ergebnisse hervorbringen, die Bestand haben. Jedes andere Handeln ist auf die Dauer zur Fruchtlosigkeit verurteilt, weil es nicht von den Quellen des Daseins gespeist wird.

Ein Schüler wird zunächst jedoch oft bezweifeln, ob die Einsicht wirklich das Mächtigste ist. Denn er bemerkt, dass er nicht immer nach seiner Einsicht zu handeln vermag. Andere Motive in ihm sind stärker und treiben ihn zu Verhaltensweisen, die ihn und andere, sehenden Auges, ins Unglück stürzen. Aber die Einsicht wird auch diese Vorgänge untersuchen, die Wurzel dieser anderen Motive ans Licht bringen und sie dadurch allmählich entwurzeln. Auf lange Sicht stellt sie sich wirklich als das Mächtigste heraus.

„Was ist das Gerechteste? Das Opfern“ (J 82). Opfern bedeutet, alles, das ganze Leben und Sein, auf die Welt des Geistes auszurichten und ihr zur Verfügung zu stellen. Die Welt des Geistes ist nichts dem Schüler Fremdes, das ihn abhängig macht. Sie ist in ihm, sie ist seine wahre Identität. Stellt er ihr all seine Möglichkeiten zur Verfügung – das ist Opfern –, wird sie sich entfalten. So kommt er zur eigentlichen Selbstständigkeit, zur Übereinstimmung mit seinem wahren Wesen und der Welt des Geistes. Diese Übereinstimmung ist Gerechtigkeit: *eine* Richtung mit der Ordnung des Geistes.

Diese Übereinstimmung ist aber auch Harmonie, Einklang mit der Ordnung des Geistes, Schönheit. „Was ist das Schönste? Die Harmonie“ (J 82). Wenn ein Mensch in Denken, Fühlen, Wollen und Handeln mit der Ordnung des Geistes in Einklang ist, bildet er selbst auch ein harmonisches Ganzes. Das wird er selbst spüren, das wird seine Umwelt spüren. Nichts wird unter dem Maß der spirituellen Ordnung bleiben, nichts darüber hinausgehen. Daher wird es auch keine Korrekturen und keinen Kräfteverschleiß geben. Die Kräfte der Seele entfalten sich frei, verankert in der Ordnung des Geistes. Das wird als höchste Schönheit und Freude empfunden. Die Erfahrung solcher Freude und Schönheit verleiht dem Schüler unerschöpfliche Kraft, anderen, die noch „elende Menschen“ sind, den Weg zu zeigen, welcher aus ihrem Elend herausführt.

Weisheit, Einsicht, Gerechtigkeit und Schönheit sind die großen Kräfte, die dem Schüler auf dem spirituellen Weg behilflich sind, indem sie in ihm selbst wirken und indem er sie sich selbst allmählich zu eigen macht. Er vermag das dadurch, dass er in seinem Leben auf seine Einstellungen, Empfindungen, Willensimpulse und Handlungen achtet, sie von der Ordnung der geistigen Welt leiten und von deren Kräften durchdringen lässt.

Eine andere Zahl von Akusmata ließen sich als „praktische“ Akusmata bezeichnen. Denn sie erinnerten den Schüler des Pythagoras fortwährend daran, worauf er im alltäglichen Veralten vor allem zu achten hatte. Es waren Hilfsmittel auf einem Weg, den der Schüler selbst als richtig erkannt hatte und gehen wollte, keine moralischen Vorschriften, die ihn zu einem braven oder edlen Menschen machen sollten. Als zweckmäßige Regeln ermöglichten und begünstigten sie die Wirksamkeit der spirituellen Ordnung und Kräfte in ihm. Oft hatten Akusmata dieser Art die Form: „Tue *nicht*", denn das „nicht" prägt sich dem Menschen besonders ein und ist wie ein Stachel, der den ausscherenden Ochsen auf den Weg zurückbringt.

Hier vor allem wählte Pythagoras die Symbolsprache, da die Bemühung, den Sinn eines Bildes zu verstehen, schon die Aufmerksamkeit auf das damit bezeichnete Problem richtet. „Er pflegte auch durch ganz kurze Aussprüche ... tausendfältigen und vielschichtigen Sinn symbolisch zu offenbaren ... wie die Natur selbst durch Samenkörner, die gering an Masse sind, eine unerschöpfliche und schwer zu durchschauende Fülle von Gedanken und Wirkungen erahnen" lässt (J 161). Besonders musste jede alltägliche Situation oder Handlung, die als Bild für ein Akusma diente, den Schüler, sobald er sie verrichtete, notgedrungen an seine spirituelle Aufgabe erinnern. Wenn er zum Beispiel seine Schuhe anzog, jeden Tag von neuem, fiel ihm ein, dass ein Akusma lautete: „Den rechten Schuh zuerst anziehen" (J 83). Er erinnerte sich daran, dass der rechte Schuh Sinnbild für die Welt des Geistes, der linke für die Welt der Materie war. Wenn er dann wirklich den rechten Schuh vor dem linken anzog, befestigte er durch diese symbolische Handlung den inneren Entschluss, der Welt des Geistes Vorrang vor der Welt der Materie zu geben.

Man kann auch diese „praktischen“ Akusmata wieder unterteilen. Die erste Gruppe enthält Sinnsprüche, welche sich auf die allgemeine Ausrichtung des Schülers auf dem Weg und auf seine Stellung zwischen Geistwelt und Alltag beziehen. „Zerstückele nicht den Gott in dir“ (J 240): Lass dein Handeln und deine Energie vom spirituellen Kern in deinem Wesen, der Einheit, ausgehen. So wird dein Leben zur Einheit und erkennst du deine Einheit mit allen aus der Einheit entstandenen Geschöpfen. Lässt du dein Handeln dagegen von einzelnen Impulsen aus der Umwelt oder aus deinem Innern, von Vorlieben, Vorurteilen, Wünschen und Ängsten bestimmen, zerstückelst du die Einheit in dir selbst und mit anderen.

Oder: „Kleider, die gefärbt werden sollen, müssen vorher gebeizt werden“ (J 75). Der Mensch kann die Einflüsse und Kräfte, die „Farbe“ des Geistes, aus der Einheit im Innern, dem spirituellen Kern, dauerhaft nur aufnehmen, wenn er sich dazu bereitgemacht hat: wenn er „gebeizt“ worden ist. Er muss mit den Motiven von innen und außen, die die Einheit zerstückeln wollen, gekämpft und sie dadurch deutlich in ihrem Wesen erkannt haben. Nur so ist er bereit, sich ihrer Leitung wirklich zu entziehen und sie dadurch zu entkräften. Das ist die Beizung, die ihn zur Annahme der spirituellen Farbe geeignet macht: der erste große Abschnitt des Weges, der den zweiten ermöglicht.

„Nicht sich bei Beginn einer Reise umdrehen“ (DL 17). Wer einen spirituellen Weg beginnt, und jeden Tag wieder neu beginnt, muss sich auf diese Aufgabe konzentrieren. Er darf sich nicht immer wieder von den alten Gewohnheiten und Trägheiten vereinnahmen lassen.

Die Notwendigkeit, die Welt des Geistes zu ehren, wird von dem Akusma unterstrichen: „Nicht in die Sonne pissen“ (DL 17). Die Sonne ist das Bild für den Geist. Der Mensch und Schüler darf sich nicht gegen ihn stellen, schon gar nicht ihn durch Irdisches beschmutzen.

Die gleiche Regel, der Welt des Geistes Vorrang zu geben und sie bewusst höher als das Irdische zu achten, beschreibt das Akusma: „Wenn du in den Tempel gehst, mach niemals einen Umweg“ (J 85). Das heißt, lass keine irdischen Interessen dazwischenkommen und dich stören, wenn du dich auf die spirituelle Welt im eigenen Innern richtest.

Vermische auch nicht Spirituelles und Irdisches: „Den Göttern das Trankopfer an der Henkelseite ausgießen“ (J 83). Deine Fähigkeiten und Eigenschaften richte immer wieder auf die göttliche Welt in deinem Innern aus – gieße also das Trankopfer aus und stelle all das Deine, das Trankopfer, den Göttern zur Verfügung. Aber wenn du das tust, tue es in einer entsprechenden Verfassung der Ehrfurcht und Dankbarkeit, in der allein du Verbindung zur göttlichen Welt finden und aufrechterhalten kannst. Diese Verfassung ist die Henkelseite des Kruges, an der du als irdischer Mensch nicht trinkst. Du wirst dich auch wieder den irdischen Belangen zuwenden und deine Fähigkeiten und Eigenschaften ihnen zugutekommen lassen müssen. Dann trinkst du aus dem Opferkrug, aber an seiner Schnabelseite – mit einer anderen Verfassung. Es ist die für den Alltag angemessene Verfassung der Zweckorientierung. Ziehe also das Göttliche nicht ins Irdische herab, sondern achte darauf, dass du die innere Verfassung, die dich mit dem Göttlichen verbindet, nicht mit den Interessen des Alltags verquickst.

„Keine Bilder der Götter auf Ringen tragen" (DL 17). Tätest du das, würdest du deine wertvollste Erfahrung, die Verbindung mit der göttlichen Welt, den Blicken und Einflüssen des irdischen Alltags aussetzen, wodurch sie ihre Kraft verlieren und vielleicht in den Schmutz gezogen würden. Genauso: „Wische das Gesäß nicht mit Öl ab" (DL 17). Die Reinigung des Schmutzigen, bei dir selbst oder in deiner Umwelt, nimm nur mit entsprechenden Mitteln vor. Abgestumpften Menschen zum Beispiel, die vielleicht nicht das geringste Verständnis für spirituelle Gesetzmäßigkeiten, ja auch nur für ethische Forderungen haben, kannst du nicht mit spirituellen und ethischen Argumenten und Lehren, mit „Öl", kommen. Du musst ihnen mit gröberen Maßnahmen begegnen, die sie verstehen. Ebenso sollst du: „Nicht im Heiligtum gebären“ (J 153). Für die Verrichtung deiner irdischen Pflichten und Arbeiten, das ist „gebären“, suche dir die Umgebung, die dem entspricht. Würdest du deine irdischen Werke, deine irdischen „Kinder“, in geweihter Umgebung „zur Welt bringen“ oder deine praktischen Erwägungen in einer Verfassung vornehmen, die nur der spirituellen Welt, dem Heiligen, angemessen ist, so würdest du Elemente in die Sphäre des Heiligen tragen, die dort nicht hingehören, und das Heilige entweihen.

Die zweite Gruppe von „praktischen“ Akusmata bezieht sich auf das Verhalten des Schülers in seiner sozialen Umwelt. Er soll sich prinzipiell so verhalten, dass er sich nicht mehr als nötig ihren Einflüssen aussetzt und in sie verstrickt wird. Denn damit würde er den spirituellen Einflüssen mehr Hindernisse in den Weg legen als notwendig. „Sich keinem Menschen in Gleichgültigkeit, sondern nur in Tugend zugesellen“ (P 42). Es ist auf dem spirituellen Weg von großer Bedeutung, welche Einflüsse der Schüler von seinen Bekannten und Freunden erfährt. Erlebt er aus seiner Umgebung Gleichgültigkeit gegenüber seinen Bestrebungen, ja Kritik daran, oder wird er gar immer wieder zu einem Verhalten aufgefordert, das seinem Ziel direkt widerspricht, so erschwert er sich seinen Weg unnötig. Deshalb ist es nicht gleichgültig, wem er sich zugesellt. Er muss sich gut anschauen, wen er sich zum Freund wählt und mit wem er umgeht, und wird sich, wenn irgend möglich, Menschen anschließen, von denen er etwas lernen kann und Unterstützung oder Bestätigung auf seinem Weg erfährt.

Er wird auch „Nicht auf der großen Straße gehen“ (J 83), das heißt: nicht der Meinung der vielen folgen, sondern mit eigenen Augen sehen und aus der eigenen, selbstständigen Erfahrung leben. Der Mode und dem allgemeinen Lebensstil wird er so weit Rechnung tragen, dass er nicht sozial auffällig wird, im übrigen aber ein Leben nach eigenem Urteil führen.

Er wird „Nicht die Hand in einen Weihwasserkessel tauchen“ (J 83) – in den sie auch jeder Gedankenlose und abergläubische Passant taucht –, um nicht der gleichen Gedankenlosigkeit und dem gleichen Aberglauben zu erliegen.

„Nicht auf abgeschnittene Nägel oder Haare treten“ (DL 17): Mit dem Abgelebten, Verbrauchten und Toten in seiner Kultur, den „abgeschnittenen Haaren und Nägeln“, wird er sich nicht verbinden. Er weiß, dass es ihm keine Lebensbasis bietet. Er wird stattdessen das Zukunftsträchtige, Lebendige, die spirituelle Entwicklung oder wenigstens die Klarheit und Nüchternheit Fördernde, und seien auch nur Spuren davon zu entdecken, in Kultur und Gesellschaft aufsuchen.

In sein Haus wird er sich keine Schwätzer und Klatschbasen laden: „Nicht Schwalben im Haus nisten lassen“ (DL 17) und darauf achten, wen er privat oder beruflich fördert: „Keine Tiere mit krummen Klauen aufziehen“ (DL 17). Es muss sich um Menschen handeln, die diese Förderung auch verdienen und Mitarbeiter an dem gleichen Entwicklungsziel sind, dem der Schüler nachstrebt; keine Verräter und Betrüger, die krumme Touren gewöhnt sind.

Wenn er anderen hilft, so kann diese Hilfe nicht darin bestehen, dass er ihnen ihre Probleme abnimmt. Er wird sie vielmehr ermutigen, ihre Probleme zu akzeptieren und aus eigener Kraft zu lösen. In diesem Sinn sagt Pythagoras, der Schüler solle „Dem Träger einer Last helfen, sie sich aufzuladen, nicht sie sich abzuladen“ (J 83), und begründet das mit: „Etwas Gutes sind die Mühen; die Lüste dagegen in jeder Beziehung böse. Denn da wir zur Züchtigung hierhergekommen sind, müssen wir uns auch züchtigen lassen“ (J 84). Wir sind in diese irdische Welt nicht zum Genuss, sondern zur Züchtigung gekommen und um aus dieser Züchtigung zu lernen, was unsere Lage als Menschen ist und weshalb wir gezüchtigt werden. Das Unglück, das uns zustößt, haben wir im Allgemeinen selbst verursacht, sei es in diesem, sei es in früheren Leben. Daher trifft es uns zu Recht, als Züchtigung, und fordert uns auf, zu ergründen, wie ein Handeln aussähe, das kein Unglück verursacht. Wenn die Züchtigung zu diesem Ergebnis führt, hat sie ihren Zweck erfüllt. „Etwas Gutes sind die Mühen“: Sie führen uns, akzeptiert und richtig durchlebt, zu unserer eigentlichen Bestimmung, in der es kein Unglück mehr gibt. Die Lüste dagegen und das Wegschieben der Mühen verstricken uns immer tiefer in die vergängliche Welt und werden, in diesem oder einem folgenden Leben, Unglück verursachen.

Damit ist nicht gesagt, dass der Mensch leidenssüchtig sein oder sein Leben freudlos verstreichen lassen sollte, auch nicht, dass er mit dem Kopf durch die Wand gehen müsste. Manchmal ist es angesichts eines Problems sinnvoller, erst zurückzutreten, Abstand zu nehmen und Kraft zu sammeln. Aber gelöst werden muss das Problem. In diesem Sinn kann ein Mensch auch einem anderen raten, und dann wird der Rat zum Besten des anderen dienen. „Keinem etwas raten, das nicht zu seinem Besten dient, denn etwas Heiliges ist der Rat" (J 84).

Eine dritte Gruppe „praktischer" Akusmata prägt dem Schüler Prinzipien der Lebensführung und der Arbeit im allgemeinen ein. Wesentlich ist, immer Maß zu halten: „Nicht über das Joch (Gleichgewicht) hinausgehen" (P 42). Es kommt darauf an, das richtige Verhältnis zwischen den eigenen Fähigkeiten und den Möglichkeiten, die die Welt bietet, zu finden. Wer mehr will, als er kann oder als ihm zusteht, wer weniger will, als er kann oder als ihm zusteht, wird in Disharmonie geraten. Daher ist wichtig, ruhig zu erkennen, was einem zusteht, und dann das Zustehende auch zu realisieren. Wenn es einem vorenthalten wird, sollte man es sich nicht mit Gewalt holen. Vielleicht ist der richtige Zeitpunkt noch nicht gekommen, und Abwarten ist geboten. Vielleicht steht es einem doch nicht zu, und man bildet sich sein Anrecht nur ein.

„Nicht über das Joch hinausgehen" ist ein Grundsatz, der, gut beachtet, viel Unglück erspart.

„Ein Brot nicht brechen" (DL 35). Die Ganzheit des Lebens darf nicht zerstückelt werden. Bei jeder Handlung sei der Mensch mit seinem ganzen Wesen dabei, nur auf diese eine Handlung konzentriert. Kommt die nächste Aufgabe, mache er es genauso. Jeden Eindruck, einen Menschen, eine Situation, nehme er als Gesamtheit auf und greife nicht Stücke heraus, die ihn besonders interessieren. Nur so wird er der Wirklichkeit gerecht.

Ähnliches verlangt das Akusma „Keine Kränze zerrupfen" (P 42): Vieles in der Welt bildet eine organische Einheit wie ein Kranz. Wer einen Teil herausnimmt oder verändert, beeinträchtigt das Ganze und stört es. Das gilt zum Beispiel von Gesetzen in einem Staat, die, von gemeinsamen Grundprinzipien ausgehend, ausgewogen einander ergänzen müssen. Modernisiert man in einem Bereich und lässt die anderen Bereiche, wie sie sind, wird soziales Ungleichgewicht entstehen.

Ein Schüler auf dem Weg sollte auch bestimmte Grundsätze bei der Ausführung seiner alltäglichen Arbeit beachten. Beachtet er sie nicht, wird Durcheinander im Leben entstehen und ihn bei seiner inneren Entwicklung behindern. Er muss seine „Decken stets zusammengebunden halten" (DL 19): „Decken" sind die äußeren Umstände des Lebens und der Arbeit, die die inneren Motive umhüllen. Es kommt darauf an, dass der Schüler den Überblick über sein Leben und seine Arbeit behält. Verliert er ihn an einer Stelle, so entgleitet ihm die Leitung. Sorgt er an einer Stelle nicht für die richtigen Mittel, ist das ganze Werk gefährdet.

Er soll außerdem „Den Abdruck des Topfes in der Asche verwischen“ (DL 17) oder „Beim Aufstehen das Bett richten und die Spuren verwischen.“ (Nach dem Pythagoreer Androkydes, zitiert bei B. L. van der Waerden, a. a. O., S. 84) Jede Arbeit verbraucht Ressourcen und verändert die Umgebung, in der sie ausgeführt wird. Das Werk ist irgendwann fertig, aber das Umfeld, das zu seiner Ausführung notwendig war, ist in Unordnung geraten und muss wieder aufgeräumt werden. Diese Spuren des Topfes in der Asche müssen verwischt werden. Alles muss immer wieder aufgeräumt werden, damit ein neues Werk beginnen kann. Wird diese Aufräumarbeit, im Inneren oder Äußeren, nicht geleistet, wird eine neu übernommene Aufgabe darunter leiden. Genauso wird der Schüler beim Ausruhen verfahren. Wenn er geschlafen hat und aufsteht, wird er die Leintücher lüften und das zerdrückte Bett glätten. Nur dann lädt es wieder zur Ruhe ein und wird die Ruhe erfrischend sein. Ähnlich wird er dafür sorgen, dass die äußeren Bedingungen, unter denen er sich einer spirituellen Ruhe – etwa einer Betrachtung oder Besinnung – hingibt, dem Ziel entsprechen.

Wenn er mitten in einer Arbeit oder einer Situation steht, die ungeteilte Aufmerksamkeit erfordert, wird er sich voll darauf konzentrieren, und, falls unvermeidliche Nebenwirkungen auftreten, zunächst nur das Wesentliche tun. Die Pythagoreer sollten „Heruntergefallene Brotkrümel nicht aufheben“ (DL 34). Das heißt, Konzentration auf ein Werk ist geboten. Würde sich der Schüler bücken und die verlorenen Brotkrümel auflesen, würde er sich aus dem Strom des Geschehens ausschalten und das Werk gefährden. Es gibt zum Beispiel Menschen, die bei Vorträgen unbedingt alles mitschreiben wollen, weil sie fürchten, es könnte ihnen etwas entgehen. Aber gerade die Aufmerksamkeit auf jede Einzelheit, auf jeden Brotkrümel, der herunterfällt, verhindert die Aufmerksamkeit auf das Ganze, so dass auch das Ganze nicht wirklich aufgenommen wird. Eine volle Hingabe an die Arbeit und die Situation bewirkt das Gelingen im Ganzen. Das unzeitige Beachten von Kleinigkeiten und Nebenwirkungen gefährdet es.

Ist aber ein Werk gelungen, ein Eindruck empfangen, so soll der Schüler auch mit neuen Kräften an ein neues Werk gehen und wieder austeilen, was er genommen hat. Er soll sich nicht auf dem Erreichten ausruhen. Er soll „Sich nicht auf einen Scheffel setzen“ (DL 17). Nur wenn er alles Erarbeitete wieder in den Kreislauf des Lebens einfließen lässt, bleibt er lebendig.

Wieder andere Akusmata machen den Schüler auf besondere Untugenden aufmerksam, und rufen ihm ein Halt zu, wenn für den spirituellen Weg hinderliche Impulse in ihm aufsteigen. „Nicht ohne Licht reden“ (J 83): Erst sprechen, wenn das Licht der Einsicht angezündet ist und der Redner weiß, wovon und was er spricht. „Nicht mit dem Messer im Feuer stochern“ (DL 17): Einen Zornigen nicht noch durch höhnische Worte reizen, Zwietracht nicht noch durch scharfe Bemerkungen schüren. „Die Durst erregenden Wasser meiden“ (nach Hermippos, zitiert bei B. L. van der Waerden, a. a. O., S. 84): „Durst erregende Wasser“ sind Dinge und Situationen, welche Wünsche und Leidenschaften erzeugen, die niemals dauerhaft gestillt werden können – unter anderem Sucht – und Rauschmittel. Deshalb meide der Schüler, wenn irgend möglich, diese Durst erregenden Wasser. Jedes Recht, das er ihnen einräumt, macht ihn, wenn nicht körperlich, so doch seelisch schwächer. Das gilt auch für eine Sexualität, die nicht in tragfähige partnerschaftliche Beziehungen eingebettet ist. Speziell zur Ansicht des Pythagoras über die Sexualität ist eine Anekdote überliefert: „Als jemand wissen wollte, wann man Sexualverkehr haben sollte, meinte er: ‚Immer, wenn du schwächer werden willst, als du bist‘“ (DL 9).

Auch durch Zorn, Leidenschaften und Unbesonnenheit zerstört der Mensch und besonders der Schüler auf dem spirituellen Weg die Kraft und Ruhe der

Seele, die sich auf die Welt des Geistes richten will. „Nicht das Herz essen“ (DL 17), „Nicht die Leber, die Niere essen“: Wer zornig, fanatisch, gierig oder von Ängsten befallen ist, zerstört etwas Lebendiges in sich, etwas Kraftvolles, Kraftspendendes, etwas, was reinigend wirkt: Er isst *sein* „Herz“, *seine* „Leber“, *seine* „Niere“ auf.

Wie aber die natürlichen Energien sinnvoll eingesetzt werden können, das beschreiben einige weitere Akusmata. Die Kräfte des Sich-Durchsetzens, die im Zorn unbesonnen und zerstörerisch wirken, können besonnen in Situationen gebraucht werden, wo Standhaftigkeit und Tapferkeit gefragt sind. „Den Feinden standhalten, ihnen nicht den Rücken, sondern die Brust zuwenden“ (J 85).

Die Sexualität hat ihre Berechtigung zum „Kinder zeugen. Denn so hinterlässt der Mensch an seiner Stelle Gottesverehrer“ (J 83). Auf lange Sicht ist dies ein Ziel des Schülers auf dem spirituellen Weg: Die Sexualität immer weniger zum bloßen Sinnengenuss – dann gehört sie zu den „stets Durst erregenden Wassern“ – zu gebrauchen, sondern zu einem sinnvollen Ziel: Kinder zeugen. Damit ist sie in die Ordnung des Kosmos eingebunden, damit erfüllt sie den Zweck, zu dem sie von der Natur hervorgebracht wurde. Das Akusma sagt außerdem Entscheidendes über das Kind. Es ist nicht dazu da, um den Eltern Freude zu machen und ihnen ihre Wünsche zu befriedigen. Es ist, wie jeder Mensch, ein Wesen eigenen Rechtes, dessen Aufgabe es ist, Gott zu verehren. Und Gott verehrt der Mensch, indem er das göttliche Wesen, das Gott in ihn gelegt hat, entfaltet. Damit solche „Gottesverehrer“ entstehen, sind also die Sexualität und die pädagogische Förderung des Kindes durch die Eltern da.

Dieser Daseinspflicht genügte Pythagoras auch selbst. Es ist überliefert, dass er in Kroton Theano, die Tochter des Arztes Diomedes, heiratete und mit ihr mehrere Kinder zeugte, die alle wohl gerieten. Offenbar gelang es den Eltern, sich ihnen gegenüber nach den Grundsätzen zu verhalten, die sie selbst verkündeten. Sie ließen sie als Wesen eigenen Rechtes aufwachsen und förderten die Anlagen in ihnen, die für die Kinder selbst und für deren Umgebung ersprießlich waren.

Schließlich soll der Schüler auch Salz auf den Tisch stellen. „Salz müsse man servieren, um an Gerechtigkeit zu mahnen. Denn Salz bewahrt alles, womit es sich verbindet, und entsteht aus dem Reinsten, das heißt aus Sonne und Meerwasser“ (DL 35). Salz versinnbildlicht eine Verfassung des Schülers, in der er aus der Ordnung und Kraft der Welt des Geistes lebt. Die Ordnung wird durch die Sonne, die Kraft durch das Meerwasser symbolisiert. In einer solchen Verfassung ist der Schüler gerecht – einerseits, weil er in sich selbst nach Geist, Seele und Körper auf die Gesetze der Welt des Geistes ausgerichtet ist, und andererseits, weil er kraftvoll aus diesen Gesetzen heraus für die Welt arbeitet: dafür, dass sich diese Gerechtigkeit auch in anderen Menschen entwickelt.

Die Mathemata

Im ersten Abschnitt seiner Schülerschaft war es die primäre Aufgabe des Pythagoreers, zu „hören" und das Gehörte im Leben umzusetzen. Hören und Umsetzen waren stets von den entscheidenden Prinzipien des Mysterienweges bestimmt: Entfaltung des spirituellen Menschen und Zurücktreten des ichbezogenen Menschen. Diese Prinzipien wurden im Mysterienkult und den Opfern immer wieder belebt, anschaulich gemacht und dadurch im Schüler angeregt. Waren so im Lauf mehrerer Jahre das ganze Denken, Fühlen, Wollen und Handeln des exoterischen Schülers auf die Ordnung und Kraft der geistigen Welt ausgerichtet, konnte er in eine Entwicklung eintreten, in der ihm diese Ordnung und Kraft bewusst wurden und er unmittelbar aus ihnen lebte. Die Konturen des spirituellen, esoterischen Menschen zeigten sich in ihm und nahmen in seinem Leben Gestalt an.

Ein Mittel unter anderen, um diesen Prozess zu unterstützen, waren die „Mathemata", wörtlich: das zu Lernende. Im ersten Abschnitt der Schülerschaft Hören (Akusmata), im zweiten Abschnitt Lernen (Mathemata). Lernen hatte hier allerdings eine andere Bedeutung als bei uns. Am besten zeigt sich diese Bedeutung in den Dialogen Platons, wo Lernen als Wiedererinnerung charakterisiert wird. Auch welche Wirkung und welchen Sinn die Mathemata hatten, lässt sich aus bestimmten Dialogen Platons erschließen, die von den pythagoreischen Lehren beeinflusst sind: Teilen der *Politeia*, dem *Theaitetos* und *Timaios*.

Pythagoreisches Lernen also ist Wiedererinnerung. Etwas im Menschen Verschüttetes steigt wieder ins Bewusstsein hinauf. Die Mathemata sind Inhalte, die schon a priori im Menschen und in der Welt stecken, ihm nur unbewusst waren und jetzt allmählich bewusst werden. Diese allmähliche Bewusstwerdung ist Lernen. Der Schüler des Pythagoras, der sich mit den Mathemata befasste, war damit beschäftigt, selbstständig aus dem eigenen Innern Einsichten hervortreten zu lassen, die dort geschlummert hatten, und zwar spirituelle Einsichten, Einsichten in Prinzipien der Wirklichkeit. Diese können dann zwar begrifflich oder symbolisch formuliert und als Begriffe weitergegeben, sie können auch in den Erscheinungen, denen sie zu Grunde liegen, aufgesucht und ihre Erkenntnis dadurch angeregt werden. Aber wichtig ist, dass der Schüler sie *erfährt*, und wenn sie sich in seinem Innern nicht zeigen wollen, nützt ihm die Beschäftigung mit den Erscheinungen oder Symbolen wenig. Er kann sich zum Beispiel mit Zahlen und Rechenoperationen beschäftigen. Er kann sich auch sagen lassen, was eine Zahl bedeutet. Aber das Prinzip der Wirklichkeit, das durch eine Zahl symbolisiert ist, wird nur lebendig und wirksam in ihm, wenn er es selbst bewusst erlebt.

Vier Mathemata, vier Hilfsmittel zur Erkenntnis spiritueller Prinzipien, hatten die Pythagoreer: Arithmetik, Geometrie, Astronomie und Harmonielehre (Musik). Für unser Empfinden sind das, mit Ausnahme der Musik, trockene Wissenschaften. Aber bei näherem Zusehen erschließen sich vielleicht auch uns Späteren die lebendigen Erfahrungen wieder, die diese Mathemata für die Pythagoreer bedeuteten.

Arithmetik

Aristoteles schreibt von den Wissenschaften der Pythagoreer allgemein, „die Prinzipien dieser Wissenschaften (so sagen sie) seien die Prinzipien aller Dinge“, und von der Arithmetik, der Zahlenlehre als erster dieser vier Wissenschaften, im besonderen: „eine gewisse Eigenschaft von Zahlen (so sagen sie) sei Gerechtigkeit, eine andere Seele und Vernunft, wieder eine andere die rechte Zeit.“[19] Aristoteles berichtet weiter, „dass es zehn Prinzipien gibt, die sie in einer Reihe von Paaren einander gegenüberstellen:

Grenze	-	Unbegrenztes
Ungerades	-	Gerades
Eines	-	Vielheit
Rechtes	-	Linkes
Männliches	-	Weibliches
Ruhendes	-	Bewegtes
Gerades	-	Krummes

Licht	-	Dunkel
Gutes	-	Schlechtes
Quadrat	-	Rechteck“

Die Zahlenauffassung des Pythagoras ist oben schon charakterisiert worden. Er setzt Zahl mit Prinzip gleich. Zahlen sind wirkende Prinzipien, die der Welt und dem Menschen ihre Eigenschaften geben.

Die von Aristoteles überlieferte Liste ist eine Reihe von zehn Prinzipien, die in der Welt und im Menschen wirken, jeweils mit einer positiven und einer negativen, einer aktiven und einer passiven Seite. Das erste Prinzip: In jedem Wesen und im ganzen All gibt es eine Ordnung und Gesetzmäßigkeit, die jedem Wesen und dem ganzen All Grenzen setzt. Sie verleiht Struktur. Die Auflösung dieser Struktur ist das Unbegrenzte und Chaotische. Der Mensch, der auf dem spirituellen Weg diese Realität der Grenze und ihren Gegensatz erfährt, erfährt in sich die Alternative, der spirituellen Ordnung der Welt zu entsprechen und aus ihr zu leben oder dem Chaos anheim zu fallen und sich in ihm aufzulösen. Wie entscheidet er sich angesichts dieser Alternative?

„Ungerade“ ist das Prinzip der Einheit der Gegensätze. Ungerade Zahlen lassen sich nicht durch Zwei teilen, nicht entzweien. Gerade Zahlen aber repräsentieren den Widerspruch, der fruchtbar und harmonisch sein, oder unaufgelöst und disharmonisch bleiben kann. Die Zahl Zwei symbolisiert dieses Prinzip der Gegensätze: ein harmonisches Zusammenwirken zweier Pole, bzw. den Streit als disharmonischen Kampf zweier Pole. Ein Mysterienschüler erlebt beide Realitäten auf dem spirituellen Weg in sich selbst und in der Welt. Er erkennt, dass ein harmonisches Zusammenwirken beider Pole nur möglich ist, wenn beide Pole auf die Eins, das „Ungerade", bezogen sind, auf die Einheit des Geistes. Darum bemüht er sich in seinem Leben.

Die Eins aber ist die Ganzheit, die Identität jedes Wesens und des Alls, der göttliche Urgrund. Ihr Negatives ist die Vielheit. Bleibt die Vielheit, die Welt der Erscheinungen, an die Eins gebunden, erhält sie ihren Sinn von der Eins, der Welt des Geistes. Trennt sie sich von der Eins, verliert sie das die Einzelheiten einigende Band. Der Gott im Menschen wird zerstückelt, das Leben wird zu einer Abfolge unzusammenhängender Ereignisse.

Ein Prinzip nach dem anderen wird auf diese Weise vom Schüler erlebt, und es kommt darauf an, dass er dem positiven Aspekt in sich immer mehr Macht einräumt und den negativen Aspekt an den positiven bindet. Der negative darf nicht vernichtet werden, er ist genauso erforderlich. Nur darf er sich nicht verselbstständigen, sonst verliert er seinen Sinn, und der positive verliert seine Wirkmöglichkeit.

Wenn Zahlen nach den Pythagoreern, wie Aristoteles berichtet, auch die Eigenschaft der Gerechtigkeit besitzen, so heißt das, dass sie als Prinzipien die Struktur der Welt beschreiben und ausmachen, ja dass die Struktur der Welt eben Struktur, etwas Gegliedertes ist, „Zahl“ ist, Zahlenverhältnis ist, und dass diese Gliederung gut ist, so wie sie ist. Sie ist „gerecht“. Wenn Zahlen zweitens die Eigenschaft von Seele und Vernunft besitzen, so heißt das, dass die Kräfte der Welt harmonisch zusammenarbeiten (solange die Negativaspekte der Prinzipien sich nicht verselbstständigen) und dass ein Bewusstsein von dieser harmonischen Gerechtigkeit die Kräfte regiert. Die Kräfte stehen zueinander in Zahlenverhältnissen. Sie sind selbst, als Prinzipien, Zahlen, und wirken bewusst und vernünftig wie eine bewusste Seele, entsprechend diesen Zahlenqualitäten. Eine dritte Eigenschaft der Zahlen ist „die rechte Zeit“. Die Weltprinzipien, die Zahlen, wirken alle aufeinander ein. Sie bestimmen Entwicklung und Reifungsprozesse. Die Wesen der Welt entwickeln sich nach den in ihnen wirkenden Prinzipien, und stellen sich entsprechend zueinander. Wenn Entwicklungen von Wesen und Dingen reif sind, kommt es zu Begegnungen, Auseinandersetzungen, Verbindungen, Lösungen – alles gesetzmäßig. Daher ist auch der rechte Augenblick, zu dem solche Ereignisse stattfinden, durch Zahlen bestimmt. Er ist Ergebnis von Zahlen. Zahlen, haben die Eigenschaft, den rechten Augenblick zu bestimmen, ja sie repräsentieren ihn.

Die Beschäftigung des Menschen mit den Zahlsymbolen, den Sinnbildern für die realen Zahlen, kann ihn zum Erleben der Weltprinzipien, der realen

Zahlen, führen. Deshalb plädiert Sokrates in der *Politeia*[20] für den Umgang mit den Zahlsymbolen, für die Rechenkunst, „weil sie die Seele mit Macht nach oben führt", nämlich zu den von den Zahlsymbolen versinnbildlichten realen Zahlen, den Weltprinzipien. Aber die Zahlsymbole leisten diesen Dienst nur, wenn der Mensch sich auf die Erfahrung der Weltprinzipien vorbereitet hat und ihnen Gelegenheit gibt, in ihm zu wirken und bewusst zu werden. Dann ist er bewusst mit der Gerechtigkeit der Zahlen, der spirituellen Ordnung der Welt, verbunden, erlebt bewusst die Vernunft der Zahlen, die harmonisch und intelligent zusammenwirkenden spirituellen Kräfte der Welt, und vollzieht Gerechtigkeit und Vernunft im rechten Zeitpunkt der Zahlen: wenn Entwicklungen zur Reife gediehen sind und Früchte tragen.

Für uns heutige sind die Zahlsymbole von den Weltprinzipien der Pythagoreer abgekoppelt. Unsere Mathematik hat nicht den geringsten Bezug zu den Weltprinzipien mehr. Sie ist nur noch Beschreibung der quantitativen Verhältnisse der Erscheinungen, Statistik oder selbstgenügsames Spiel mit Formeln und Rätseln. Als Beschreibung der quantitativen Verhältnisse der Erscheinungen ist sie Hilfsmittel zur Beherrschung der Erscheinungswelt geworden. Für die Pythagoreer aber war die Zahlenlehre vorrangig Mittel, auf die Welt des „immer Seienden", wie Sokrates sagt, zu verweisen und im Mysterienschüler die Erfahrung dieses immer Seienden auszulösen.

War er bewusst in dieses Seiende eingebettet, konnte er die Gerechtigkeit und Vernunft des Seienden mitvollziehen. Das war seine Macht: nicht Manipulation der Dinge, sondern liebende Förderung aller Dinge im Hinblick auf ihre Bestimmung.

Geometrie

Dass Zahlen als qualitative Weltprinzipien gesehen werden und Zahlbegriffe als Hinweise auf diese Prinzipien, leuchtet immerhin ein. Aber Geometrie? Wie soll die Beschäftigung mit den Formen von Flächen und Linien (im weiteren auch Körpern) sich auf spirituelle Sachverhalte beziehen? Den Schlüssel zur Antwort gibt ein Satz des Sokrates im selben Dialog. Die Lehre von den Flächen soll dazu dienen, „die Wahrheit über das Gleiche oder das Doppelte oder sonst ein Verhältnis (zu) erfassen“[21]. Auch die Geometrie stellt Prinzipien dar, nämlich durch Kreise, Rechtecke, Quadrate, Dreiecke. Und ihre Aufgabe ist, Gleichheit oder Ungleichheit, Ähnlichkeit oder Unähnlichkeit, überhaupt das Verhältnis solcher Prinzipien festzustellen. Wer sich mit Geometrie befasst, entwickelt die Fähigkeit, Gleichheit und Ähnlichkeit von geometrischen Figuren zu erkennen. Und wer diese Figuren als Symbole für Weltprinzipien erkennt, ist aufgefordert, Gleichheit, Ähnlichkeit, Möglichkeit der Umwandlung von einer Konfiguration in die andere in Bezug auf diese Weltprinzipien zu erkennen.

So kann Geometrie ein Hilfsmittel zum Erwerb einer Fähigkeit sein, die allerdings noch auf ganz anderem Weg, nämlich durch die Erfahrungen auf dem spirituellen Weg, entwickelt werden muss. Diese Fähigkeit hat die größte Bedeutung für das Zusammenleben der Menschen untereinander und das Verhältnis der Menschen zur Natur und zu Gott. Würden nämlich die Menschen mit einem jetzt noch unentfalteten seelischen Organ empfinden und erkennen, welcher Mensch dem Wesen nach einem anderen gleich oder ähnlich ist, welcher den anderen ergänzt, zu ihm passt oder nicht passt, so wären ganz andere Voraussetzungen für Verbindungen oder Lösungen von Menschen gegeben. Jetzt sind Sympathien und Antipathien, oft an ganz äußerliche Merkmale anknüpfend, für Bindungen zwischen Menschen oder deren Auflösung maßgebend. Unzählige schlechte Ehen, falsche Freundschaften, unangemessene Verbindungen zwischen Gruppen und Institutionen könnten verhindert werden, wenn die Betreffenden die Fähigkeit hätten, mit inneren Augen zu sehen, ob Wesen zu Wesen, ob Realität zu Realität passt. Die Sympathie könnte dann noch hinzukommen. Aber entscheidend wäre die Erkenntnis. Sie gäbe sicheren Boden, und es würden nicht mehr Berechnung, Begierde, Schutzbedürftigkeit, Selbsttäuschung und ähnliches bei der Herausbildung von Beziehungen den Ausschlag geben. Soziale Verbindungen müssen, wenn Wesen nicht zu Wesen passt, unbedingt scheitern.

Ebenso könnte ein Mensch, der die inneren Augen für Gleichheit oder Ungleichheit entwickelt hat, empfinden und sehen, ob ein bestimmtes Handeln zu seinem Ziel passt, insbesondere, ob das Verhalten eines Schülers auf dem Weg zu seinem Ziel passt, und ob das tatsächliche Leben der Menschen und der Menschheit zur Bestimmung des Menschen und der Menschheit passt. Eine Aufgabe der pythagoreischen Geometrie war zum Beispiel die Umwandlung eines Rechtecks in ein Quadrat mit gleicher Fläche. Das Quadrat (man erwäge noch einmal die zehn von Aristoteles berichteten Weltprinzipien der Pythagoreer) war Symbol für eine Form, die den vorhergehenden neun spirituellen Prinzipien vollkommenen Ausdruck gab, also etwa für ein menschliches Leben wie das des Pythagoras, in dem die spirituellen Weltprinzipien vollendete Gestalt angenommen hatten. Das Rechteck war Symbol für eine Form, die den negativen Aspekten dieser Prinzipien Ausdruck gab, also für ein Leben, das von den positiven spirituellen Aspekten getrennt und nicht ihr Ausdruck war. Beschäftigte sich nun ein Pythagoreer mit der geometrischen Aufgabe der Transformation des Rechtecks in ein flächengleiches Quadrat, so wurde er dadurch an seine spirituelle Aufgabe erinnert: Sein Leben durch Erkenntnis der spirituellen Prinzipien, und indem er sie in sich wirken ließ, allmählich so zu transformieren, dass es aus einem „Rechteck“ zum „Quadrat“ wurde. Die Fläche wurde beibehalten: Alle Fähigkeiten und Errungenschaften des Betreffenden wurden in die neue Form mit hinübergenommen.

Zu Recht sagte daher Sokrates: „Wenn uns die Geometrie nötigt, das Sein zu schauen, eignet sie sich zur Ausbildung des Menschen.“[22] „Die Geometrie ist doch die Erkenntnis des immer Seienden ... Dann würde sie also die Seele zur Wahrheit hinziehen und philosophisches Denken in uns wirken ...“

Man kann Geometrie als reines Spiel ansehen, abgekoppelt von ihrer symbolischen Funktion. Man kann sie auch allein auf die Erscheinungswelt anwenden, zur Ordnung oder zur Zerstörung der Erscheinungswelt. In dem genannten platonischen Dialog spielt ein Gesprächspartner auf die wichtige Rolle der Geometrie für die Kriegskunst an: den Festungsbau, die Vermessung von Wegen, die Kartografie. Aber wenn eine Wissenschaft primär zur spirituellen Ausbildung des Menschen dient, werden solche Menschen in der Lage sein, die sekundären, praktischen Funktionen der Wissenschaft ebenfalls auf die Bestimmung des Menschen auszurichten.

Übrigens der pythagoreische Lehrsatz: Es ist doch höchst staunenswert, dass überhaupt jemand auf den Gedanken kam, es könne eine unveränderliche Beziehung zwischen den Seiten des rechtwinkligen Dreiecks bestehen, welche Form es auch habe. Mag Pythagoras diesen Lehrsatz schon aus Ägypten mitgebracht, mag er ihn selbst gefunden haben: Was veranlasst einen Menschen, eine solche unveränderliche Beziehung zu vermuten, ja so fest daran zu glauben, dass er danach sucht? Dass jemand zufällig auf diesen Zusammenhang stößt, ist doch extrem unwahrscheinlich. Auf eine derartige Suche macht sich nur jemand, der schon innerlich erfahren hat, dass die Prinzipien und Elemente des Kosmos eine Ordnung darstellen, die sich in Zahlen manifestiert und beschreiben lässt, und der deshalb diese Ordnung auf allen Ebenen des Daseins für gültig hält. Und von dem Glauben daran, dass eine allgemein gültige Beziehung zwischen den Seiten jedes rechtwinkligen Dreiecks besteht, bis zu der Intuition, dass sie im Bereich der Quadrate über den Seiten zu suchen ist, ist ein weiterer, erstaunlicher Schritt. Das lässt sich nicht durch Ausprobieren finden, nicht mit Hilfe des grübelnden Verstandes. Hier ist Intuition erforderlich, die nur der grundsätzlichen Erfahrung entspringen kann, dass die Welt in all ihren Aspekten gesetzmäßig geordnet ist. Aus Intuition wurde der pythagoreische Lehrsatz geboren, die Intuition kann er anregen, wenn dem Betrachter wieder bewusst wird, welche innere Einstellung des Menschen zur Entdeckung solcher Zusammenhänge führen kann.

Gerade die Betrachtung des rechtwinkligen Dreiecks und der Beziehung zwischen seinen Seiten führte übrigens die Pythagoreer auch wieder auf ein wesentliches Grundprinzip der Welt: die Gerechtigkeit.

Pythagoras sagte, „die Gerechtigkeit gleiche jener Figur, die als einzige geometrische Zeichnung unbegrenzte Kompositionsmöglichkeiten hat für Formen, die sich ungleich zueinander verhalten, deren Quadratflächen aber dem gleichen Beweisverfahren unterliegen“ (J 179). Es gebe nun im Verkehr unter Menschen eine besondere Gerechtigkeit, nämlich das angemessene Verhalten zwischen Gleichen und Ungleichen, etwa zwischen dem Älteren und dem Jüngeren oder dem Vortrefflichen und dem weniger Vortrefflichen. Wenn das Verhalten des Älteren – liebevolle Zuwendung zum Jüngeren – und das des Jüngeren – Achtung vor dem Älteren – richtig aufeinander abgestimmt sind, entsteht ein Drittes: die harmonische Beziehung. Genauso entsteht aus der „Begegnung“ zwischen den Quadraten über den Katheten eines rechtwinklichen Dreiecks das Quadrat über der Hypotenuse, das die beiden anderen exakt enthält.

Astronomie

Die Astronomie, das dritte Mathema, mit dem sich die Pythagoreer beschäftigten, befasst sich, wie Sokrates formuliert, mit den „Bewegungen, welche die wirkliche Schnelligkeit und die wirkliche Langsamkeit in der wahren Zahl und in allen wahren Figuren im Verhältnis zueinander ausführen“[23]. Sokrates legt Wert darauf, dass auch die Astronomie zum „Seienden“ führt und nicht nur als angewandte Wissenschaft betrieben wird. Er kritisiert sogar die Pythagoreer, weil diese nur die Bewegungen der Himmelskörper studierten, nicht die Bewegungen an sich.

Was aber wären Bewegungen an sich, ohne Bezug auf bestimmte Körper? Es wären zum Beispiel die Motivationen, das Willensmoment im Menschen. Die Beschäftigung mit der Astronomie kann den Menschen dazu führen, seine Motive überhaupt zu ergründen, und zu ergründen, welche Motive welche Bewegungen hervorbringen. Eine in ihrer Intensität und ihren Inhalten ständig schwankende Motivation würde keine konstante Bewegung, kein konstantes Handeln hervorbringen. Sie würde zu schwankendem, unstetem Verhalten führen. Eine von der Ruhe des Unbewegten, von der Welt des Seienden ausgehende Motivation dagegen würde stetiges, auf die Welt des Seienden bezogenes Verhalten hervorbringen. Eine Kombination aus Eigenständigkeit und Orientierung am ruhenden Zentrum der Welt des Geistes ergibt die Kreisbewegung, so wie die Planeten einen annähernden Kreis, Resultante aus eigener Bewegung und Orientierung an der Sonne, beschreiben. Die Kreisbewegung aber ist die ideale, die vollkommene Bewegung. Wenn ein Mensch das richtige Gleichgewicht zwischen Eigenständigkeit und Orientierung am ruhenden spirituellen Mittelpunkt im eigenen Wesen findet, wird sein Verhalten dem Ideal am nächsten kommen: einer Kreisbewegung. Ist seine Eigenständigkeit zu groß, so wird seine Orientierung am spirituellen Mittelpunkt der Wirklichkeit zu schwach sein. Er wird sich von der geistigen Sonne entfernen, doch vom korrigierenden Schicksalsgesetz wieder zurückgezogen werden. Sein Handeln ist dann einer Ellipse vergleichbar, mit umso größerer Exzentrizität, je größer seine Eigenwilligkeit ist.

Eine andere Erkenntnis, die aus der Betrachtung der Himmelskörper speziell und einer Besinnung auf die Prinzipien Ruhe und Bewegung allgemein gewonnen werden könnte, ist folgende. Die Pythagoreer, und später auch Platon, gingen davon aus, dass Gott die Ruhe sei, aus der letzten Endes alle Bewegung hervorgehe. Bewegtes könne überhaupt nur aus Unbewegtem hervorgehen. Das Unbewegte sei letzten Endes die Ursache alles Bewegten. Das wird auch ein Mysterienschüler erleben können: Bewegung, Handlung, die aus Bewegung entspringt, erschöpft sich mit der Zeit. Jede Handlung, die einer Absichtlichkeit und Anstrengung entspringt, entspringt einer Bewegung, nicht der Ruhe selbst, und wird sich erschöpfen. Nur eine Handlung, die der intensiven inneren Ruhe des Einklangs mit der Ordnung des Geistes entspringt, entfaltet sich harmonisch und wird sich nicht erschöpfen. Die Kraft des Geistes im Menschen ist unerschöpflich. Sie entspringt der Ordnung des Geistes und ihrer Ruhe und wird deshalb im Sinn dieser Ordnung, ohne Anstrengung und Erschöpfung, wirken. Die Kraft des eigenen Willens im Menschen dagegen bedeutet Anstrengung und Mühe und erschöpft sich mit Sicherheit.

Für die Pythagoreer waren die Planeten Götter, spirituelle Wesen. Das sichtbare Äußere des Planeten war nur Ausdruck des unsichtbaren Inneren und der Seele des Planeten. Diese Seele verbreitet sich als Sphäre des Planeten im ganzen Planetensystem und schließt somit auch die Erde in sich ein. Alle Seelen der Planetensphären wirken aufeinander ein und durchdringen einander. Sie umgeben und durchdringen auch die Seele des Menschen. So entsteht eine Wechselwirkung zwischen dieser und den Planetensphären, eine seelische Wechselwirkung, keine nur physikalische, wie sie etwa durch Licht und Schwerkraft verursacht wäre.

Aus diesen Wahrnehmungen leitet sich die Astrologie ab. Jeder Planet repräsentiert ein seelisches Prinzip. Die sieben von Pythagoras angenommenen Planeten repräsentieren sieben seelisch-geistige Hauptprinzipien, die in allen Wesen, jeweils auf deren Ebene, wirken. Wird ein Mensch geboren und tritt mit dem ersten Atemzug selbstständig in die Welt der Erscheinungen ein, so entspricht die Konstellation seiner seelischen Prinzipien der gerade aktuellen Konstellation der Planetensphären, die ihn durchdringen. Das Horoskop beschreibt diese Konstellation. Jede während des Lebenslaufes eines Menschen auftretende künftige Planetenkonstellation berührt die geprägte Geburtskonstellation des Individuums, manifestiert sich in konkreten inneren oder äußeren Einflüssen auf diesen Menschen und stellt eine Schicksalsherausforderung dar. Auf die Herausforderung selbst hat der Mensch keinen Einfluss, wohl aber hängt es von ihm ab, wie er sich dazu stellt und was er aus ihr macht.

Pythagoras hörte die „Sphärenharmonien". Für ihn verhielten sich die Umlaufszeiten der Planeten wie ganze Zahlen, und jeder Planet repräsentierte einen Ton der Tonleiter. Pythagoras erkannte die jeweilige Planetenkonstellation bewusst, er erkannte die Herausforderung, die sie darstellte, und war in der Lage, bewusst darauf zu reagieren. Die Astronomie war ihm und den Pythagoreern somit nicht nur ein Anlass, sich auf die Bewegungen, die Motive im eigenen Innern zu besinnen und darauf zu achten, ob diese Bewegungen vom Unbewegten der Welt des Geistes ausgingen oder von den Bewegtheiten der Interessen in der Erscheinungswelt. Sie war ihnen auch Anlass, die Einbettung der Seele des Menschen mit ihren Prinzipien in die entsprechenden Sphären des Himmels zu betrachten und den richtigen Ausgleich zwischen Mikrokosmos und Makrokosmos herzustellen. Die Pythagoreer waren jedoch keine astrologischen Fatalisten. Sie rechneten mit den Wechselwirkungen zwischen Seele des Menschen und Konstellationen der Planetensphären, wussten aber, dass der Mensch, gerade der Schüler auf dem spirituellen Weg , frei ist, sich auf die Welt des Geistes abzustimmen und dadurch den Zwängen des Schicksals zu entsteigen.[24]

Musik

Das vierte Mathema der Pythagoreer war die Musik, verstanden als Musiktheorie, als Harmonielehre. Pythagoras hatte entdeckt – oder gab eine schon vorhandene Entdeckung weiter –, dass auch die Töne und ihr Verhältnis untereinander durch die Zahl bestimmt sind. Ja es bestand für ihn sogar eine direkte Parallelität der Welt des Klanges zu den Planetensphären. Die Planetenumlaufszeiten verhielten sich wie ganze Zahlen zueinander, derart, dass diese Zahlen als Schwingungen eine Tonleiter bildeten. Hörte man das Verhältnis der Schwingungen zweier Töne, so war das ein symbolischer Hinweis auf das Verhältnis der Bahnen zweier Planeten, und auf das Verhältnis zweier seelischer Prinzipien, die im Individuum wie im ganzen Kosmos wirkten.

Als göttliches Wunder erschien es den Pythagoreern, dass Tonintervalle, die der Mensch als harmonisch empfindet, durch Verhältnisse ganzer Zahlen charakterisiert sind: Die Quinte verhält sich zum Grundton wie 3 : 2, die Quarte zum Grundton wie 4 : 3, die Sekunde zum Grundton wie 9 : 8, die Oktave zum Grundton wie 2 : 1. Das bedeutete doch, dass auch die seelischen Prinzipien im Menschen in Verhältnissen ganzer Zahlen aufeinander bezogen waren! Denn die seelischen Prinzipien werden durch Töne zur Resonanz angeregt. Und der Mensch empfindet diese Resonanz im Innern als harmonisch, wenn die äußeren Töne in ganzzahligen Verhältnissen erklingen.

Pythagoras demonstrierte diese Parallelität zwischen Innerem und Äußerem des Menschen durch das Monochord, eine zwischen zwei Stäben aufgespannte Saite, die frei über einem Brett schwingen konnte. Er teilte das Brett in zwölf Teile ein, und konnte zeigen, dass, wenn er die Saite zum Beispiel in der Mitte niederdrückte, die halbe Saite, die doppelt so schnell wie die ganze schwang, wirklich als Oktave zum Grundton erklang. Drückte er die Saite bei der Marke 9 nieder, so ergab der Klang der 9 Einheiten langen Teilsaite im Verhältnis zur ganzen Saite (12 Einheiten) eine Quarte. Die Teilsaite schwang 4/3 mal so schnell wie die ganze Saite. Jedesmal empfindet die Seele des Menschen dieses Schwingungsverhältnis als harmonisch.

Musik – Tonfolgen, Harmonien, Rhythmen – stellt also Wirksamkeiten, Harmonien und Rhythmen der seelischen Grundprinzipien im Menschen dar. Sie regt dieselben Prinzipien in denselben Reihenfolgen, Harmonien und Rhythmen im Hörer an und bewirkt dadurch entsprechende Erlebnisse. Eine Melodie gibt den Charakter eines Wesens oder Ereignisses wieder, eine Harmonie das Verhältnis verschiedener Charaktere oder Ereignisse, der Rhythmus (etwa Drei- oder Viervierteltakt) den Lebensrhythmus dieser Charaktere und Ereignisse, und das Tempo die Geschwindigkeit des Lebensvollzugs. Also macht Musik dem dafür Aufgeschlossenen die Struktur und die Gesetzmäßigkeiten des Lebens hörbar und erkennbar. Sie macht das Ganze im Menschen und außerhalb des Menschen hörbar und erkennbar. Das Hörbare, der Ton, leitet zum Nicht-Hörbaren, zu den unsichtbaren Prinzipien und Ordnungen des Daseins über. Deshalb war die Musik, wie die anderen drei Wissenschaften, für die Pythagoreer ein Mathema, ein Hilfsmittel, das die Wiedererinnerung des Menschen förderte und zugleich das Wiedererinnerte selbst. Durch die Musik konnten ihm die seelischen und geistigen Prinzipien im eigenen Inneren und in anderen Menschen und in der Welt bewusst werden – und sie *waren* zugleich Musik. Pythagoras selbst erkannte die Prinzipien und Ordnungen des Daseins, die „Sphärenharmonien", direkt: „ihm allein unter allen Irdischen (waren) die Weltraumklänge verständlich und hörbar." Die irdische Musik aber sollte seine Schüler auf diese „Weltraumklänge" hinführen. Sie mussten „sich durch Abbilder und Andeutungen fördern und zurechtbringen ... lassen, da sie die ersten, die reinen Urbilder nicht in Wahrheit zu fassen vermöchten" (J 66).

Wie die drei vorhergehenden Mathemata wurde Musik von den Pythagoreern auch als angewandte

Wissenschaft betrieben. Da Klänge eine Resonanz im Menschen hervorrufen und bestimmte Klangfolgen, -färbungen und -harmonien bestimmte seelische Wirkungen und Zustände im Hörer auslösen, konnte die Musik bewusst in diesem Sinn eingesetzt werden. Blasinstrumente lehnte Pythagoras ab, da sie nach seiner Erfahrung enthemmende Wirkung hatten. Auch ließ er nur Tonarten und Kompositionen zu, die wohltätige und beruhigende oder aufmunternde Wirkungen hatten, niemals aber solche, die in Rauschzustände oder nicht zu bemeisternde Erregung versetzten. Wie bei allen angewandten Wissenschaften galt für ihn auch in der Musik das Prinzip, dass nicht alles Machbare auch verwirklicht werden dürfe. Welche Möglichkeiten eingesetzt werden, richtet sich nach der Einsicht in die Ordnung des Geistes und in das, was für die Entwicklung eines Menschen, einer Gruppe oder einer Situation aktuell erforderlich ist. Andernfalls wird eine Erfindung, etwa die Musik, zu einem Fluch für den Menschen, führt ihn in Erregungszustände und Rauschzustände und verhindert gerade, dass er zu sich kommt, oder auf einem spirituellen Weg in eine Verfassung gerät, die das „Lernen" begünstigt.

Wie Pythagoras die Musik anwandte, schildert Jamblichos: „Dabei gab es bestimmte Melodien, die auf die Affekte – etwa auf Anfälle von Mutlosigkeit und nagendem Kummer – zugeschnitten waren. Diese waren sehr hilfreich erdacht. Andere wieder wirkten auf Zornes- und Gemütswallungen und auf jedes Außer-sich-geraten der Seele, die dafür anfällig ist. Gegen die Begierden war ebenfalls eine bestimmte Art von Musik erfunden. Auch tanzten sie. Ihr Instrument war die Lyra: Pythagoras fand nämlich, die Auloi (Oboen) hätten einen enthemmenden Klang, der für Festversammlungen passte, aber freier Menschen ganz unwürdig sei. Sie gebrauchten auch Verse Homers und Hesiods, die so ausgewählt waren, dass sie die Seele wieder ins Lot brachten" (J 111).

Eine weitere von den Pythagoreern betriebene Wissenschaft war die Heilkunde. Sie wurde nicht zu den Mathemata selbst gerechnet, weil sie sich aus den Mathemata ergab: aus der Ordnung der geistigen, seelischen und körperlichen Prinzipien des Menschen, die sich durch die Zahl darstellen ließen (Arithmetik), aus der Harmonie zwischen diesen Prinzipien, die vom Arzt durch abwägenden Vergleich festgestellt werden konnte (Geometrie), aus der jeweiligen Wirksamkeit dieser Prinzipien, zum Ausdruck kommend in Motivation und Bewegung des Menschen (Astronomie und Astrologie), und aus der Manifestation dieser Prinzipien im Verhalten und in den Stimmungen des Menschen (Musik). Ein Akusma gab die Definition von Gesundheit und Krankheit: „Gesundheit ist Gleichbleiben der Gestalt, Krankheit deren Vernichtung" (DL 35).

Da sich Gesundheit für die Pythagoreer primär aus der richtigen Ordnung der geistigen und seelischen

Prinzipien des Menschen ergab, war ihre Heilkunde folgerichtig auf die Instandhaltung und gegebenenfalls Wiederherstellung dieser Ordnung gerichtet, weniger auf Eingriffe in den Körper. „Schneiden und Brennen ließen sie jedoch am allerwenigsten zu“, und „von Arzneien hielten sie weniger“ (J 163). Lieber versuchten sie, durch Öle und Salben den kranken Körper zu stärken und parallel zur Wiederherstellung der geistigen und seelischen Ordnung auf diese abzustimmen.

Die Goldenen Verse

Die goldenen Verse

Die gesamte Lebenspraxis der Pythagoreer, die zunächst zu einer Abstimmung der Seelenverfassung auf die Welt des Geistes und dann zur bewussten Erkenntnis der Welt des Geistes und zu einem Leben aus ihr führen sollte, ist in den „Goldenen Versen" des Pythagoras niedergelegt. Diese beschreiben zusammenhängend und zusammenfassend den Weg, auf dem der Mensch die in ihm angelegte Ordnung der Seele entfalten kann, und was er erlebt, wenn sie entfaltet ist. Sie sind eine Art Formel, die den Schülern des Pythagoras die der „Sphärenharmonie" entsprechende „Seelenharmonie" und den Weg dorthin zeigen sollte.

Solche magischen „Formeln" sind in der Weltgeschichte immer wieder entstanden. Das Tao te King des Lao tse ist eine solche Formel, die Bergpredigt Jesu, die vier edlen Wahrheiten und der achtfache Pfad des Buddha. Sie sind wie Fixpunkte in den Strudeln der Weltanschauungen, Ideologien und dogmatischen Systeme. Viele glauben, eine objektiv in der menschlichen Seele angelegte Ordnung gebe es nicht. Es gebe keine Maßstäbe dafür, was ein „gutes" oder „schlechtes" Leben, eine „gute" oder „schlechte" Seele sei. Der eine Mensch strebt nach Genuss, der andere nach Erfolg, der dritte ordnet sich einer Religion unter: das seien subjektive Gegebenheiten, alle gleichberechtigt. Die Wissenschaft, ob Philosophie oder Psychologie, habe kein Recht, ja keine Möglichkeit, ein allgemein verbindliches Modell zu entwickeln, an dem sich der Zustand eines Lebens oder einer Seele ablesen ließe.

Die Mysterienweisheit der Alten weiß es anders. Ebenso wie es eine Verfassung für den Körper gibt, bei der er den an ihn gestellten Anforderungen am besten entspricht, so gibt es eine solche Verfassung auch für die Seele. Es gibt eine Ordnung für die Gedanken, Empfindungen und Energien, die dem Wesen und der Aufgabe der Seele entspricht und aus der ein dem Menschen gemäßes Leben folgt. Das „anything goes“ lässt sich als Prinzip nur aufstellen, wenn jemand in Unkenntnis über Wesen und Aufgabe der Seele und deshalb auch über diejenige Seelenverfassung ist, die zu ihrem Wesen und ihrer Aufgabe stimmt. Die Grundlinien dieser Seelenverfassung sind für alle Menschen dieselben. Aber jede einzelne Seele wird, je nach ihren besonderen Anlagen und Aufgaben, ihre eigene Variante verwirklichen.

Woher stammt dieses Ordnungsmodell der Seele? Es ist keine menschliche Erfindung, sondern gehört der Welt des Geistes an, der göttlichen Welt, die alles Leben strukturiert. Die Struktur der Seele ist ein geistiges Kraftlinienprinzip, das in jeder einzelnen Seele angelegt ist und auf seine Entfaltung wartet – so wie im Samen eines Baumes die Struktur des erwachsenen Baumes enthalten ist. Der Baum kann die in ihm angelegte Gestalt verfehlen und verkrüppeln. Ebenso verfehlt die menschliche Seele in der Regel die in ihr angelegte geistige Struktur und wird zu einem diffusen Konglomerat aus Illusionen, halbwahren Überzeugungen und Meinungen, aus Wünschen, Ängsten und Leidenschaften. Aber die in ihr angelegte geistige Kraftlinienstruktur drängt weiter nach Verwirklichung. Sie beunruhigt manche Menschen, die noch nicht durch Illusionen und Enttäuschungen abgestumpft sind. Sie haben das Gefühl, ihre Bestimmung zu verfehlen und doch irgendwie erfüllen zu müssen.

Die Goldenen Verse beschreiben diese geistige Kraftlinienstruktur, die der menschlichen Seele zugrunde liegt und die, entfaltet, die dem Wesen und der Aufgabe der Seele entsprechende Seelenverfassung darstellt. Sie beschreiben sie wissenschaftlich: systematisch und folgerichtig.

Eine Formel wie diese Goldenen Verse geht selbst aus der Welt des Geistes hervor. Sie kann nur von einer Seele erkannt werden, die sich in einer mit der geistigen Welt übereinstimmenden Verfassung befindet. Pythagoras war ein Mensch, der eine solche Seelenverfassung besaß. Er stand in unmittelbarer Beziehung zur geistigen Welt. Seine Seelenstruktur entsprach dieser Beziehung. Auf Grund dieser Entsprechung konnte ihm die Ordnung der geistigen Welt bewusst werden. Er konnte die „Sphärenharmonien“ hören.

Er konnte das „Gehörte“, das Erkannte, dann auch mit Hilfe des rationalen Verstandes formulieren. Sein

Verstand war das Werkzeug, mit dessen Hilfe er die Wahrnehmungen aus der ursprünglichen geistigen Welt in Begriffe, Worte und Symbole übersetzte, die den in der Sinnenwelt lebenden Menschen zugänglich waren. Sein Verstand erzeugte diese Erkenntnisse nicht. Er übernahm sie von dem der geistigen Welt geöffneten Bewusstsein.

Damit ist nicht gesagt, dass die Goldenen Verse in genau der Formulierung, wie sie uns überkommen ist, von Pythagoras artikuliert wurden, auch nicht, dass Pythagoras sie selbst schriftlich niedergelegt hätte. Man weiß, dass die Goldenen Verse in der uns vorliegenden Form erst Jahrhunderte nach Pythagoras formuliert worden sein können. Manche Forscher setzen ihre Niederschrift erst für das 4. Jahrhundert nach Christus an und halten Jamblichos, einen Pythagoreer der zigsten Generation nach Pythagoras, für ihren Herausgeber. Andere, und gerade die neuesten Forscher, setzen das Datum der Niederschrift weit früher an, aber doch auch erst ins 3. Jahrhundert vor Christus, also zwei bis drei Jahrhunderte nach Pythagoras.

Doch tut dies der Tatsache keinen Abbruch, dass die Verse von der Struktur der geistigen Welt und der Geistseele zeugen und daher eine Offenbarung aus der geistigen Welt sein müssen. Sie wurden wohl von den Schülern des Pythagoras mündlich weitergegeben, bis sie eines Tages schriftlich formuliert wurden.

Die Goldenen Verse des Pythagoras sind ein spiritueller Leitfaden für seine Gemeinschaft von Schülern auf dem spirituellen Weg. Sie sind der Plan des Mysterienweges, der von den Schülern verwirklicht werden musste, die Landkarte der geistigen und seelischen Welt. Da sie Ziel und Weg des Mysterienschülers beschreiben, konnten sie, wenn er sie verstand, zugleich eine Kraftquelle sein. Wer sie sich einprägte und sich immer wieder auf sie besann, in dem entwickelten sie ihre eigene Dynamik und halfen ihm weiter. Viele Pythagoreer erkannten das noch Jahrhunderte nach dem Tod des Meisters. Von dem berühmten Arzt Galen zum Beispiel ist bekannt, dass er sich zweimal jeden Tag, nach dem Aufwachen und vor dem Einschlafen, auf die Verse besann.

Der spirituelle Weg, den die Goldenen Verse beschreiben, besteht darin, dass die Ichbezogenheit des Menschen, in der er sich an die Dinge der Erscheinungswelt klammert, in den Kräften seines geistigen Wesens, seines wahren Selbst, aufgelöst wird, wodurch dieses geistige Wesen wach, bewusst und wirksam wird. Anders ausgedrückt: Das begrenzte Bewusstsein, Denken und Wollen des natürlichen Menschen wird durch ein unbegrenztes Bewusstsein, Denken und Wollen des spirituellen Menschen ersetzt, dessen Diener der verwandelte natürliche Mensch dann wird.

Der geistige Mensch ist die wahre Identität des Menschen. Sie soll mit Hilfe der Goldenen Verse erweckt werden, was die Auflösung der Ichbezogenheit in allen Seelenschichten des natürlichen Menschen voraussetzt. Die Verse sind keine Regeln und Verhaltensanweisungen zur Vervollkommnung des natürlichen Menschen. Sie wenden sich primär an den geistigen Menschen und fordern den natürlichen Menschen auf, dem geistigen den Weg freizumachen. Würde ein natürlicher, ichbezogener Mensch die Goldenen Verse allein auf sich beziehen und alles tun, um sie zu verwirklichen, so würde das auf die Weiterentwicklung seiner bisherigen, grundsätzlich ichbezogenen Seelenverfassung hinauslaufen. Der natürliche Mensch würde gut werden wollen, erlöst werden wollen, Herr über Diesseits und Jenseits werden wollen. Aber das wäre eine Stärkung dieses natürlichen Menschen und seiner Ichbezogenheit – das Gegenteil dessen, auf was der spirituelle Weg abzielt und was die Goldenen Verse beschreiben. Wenn die Moral oder die individuelle Höherentwicklung im Leben eines Menschen zentral gestellt wird, bleibt der Mensch im Grunde der alte: Das „Böse" wird gezähmt, das „Gute" gefördert. Doch dadurch entsteht nichts grundsätzlich Neues. Das geistige Wesen bleibt latent wie bisher, ja wird nur noch mehr eingekapselt.

Wird jedoch die Entwicklung des geistigen Wesens zentral gestellt und alle Ichbezogenheit und Selbstbehauptung des Menschen zu ihren Gunsten aufgelöst, bekommen Moral und Persönlichkeitsentwicklung einen neuen Stellenwert. Sie sind dann Ausdruck einer Lebensführung des natürlichen Menschen, die dem spirituellen Weg möglichst förderlich ist. Von daher beziehen sie dann ihre Inhalte, nicht vom Streben nach Vervollkommnung des natürlichen Menschen. Die Seele wird weder von irdischen Leidenschaften noch von moralischen Maßnahmen dagegen beherrscht, auch nicht vom Streben nach „höheren“ Fähigkeiten. Vielmehr entsteht aus den Kräften des Geistes eine neue Seelenverfassung: das wahre Selbst des Menschen.

Die Goldenen Verse des Pythagoras (Text)[25]

Erster Teil

1 *Ehre vor allem die unsterblichen Götter, wie das Gesetz es bestimmt,*

2 *und achte den Eid. Ehre auch die edlen Heroen*

3 *und die Götter der Unterwelt mit den vorgeschriebenen Opfern.*

4 *Ehre deine Eltern und deine nächsten Verwandten.*

5 *Von den andern mache dir den zum Freund, welcher der Vortrefflichste ist.*

6 *Lass dich erweichen von (seinen) milden Worten und nützlichen Taten.*

7 *Entzweie dich nicht mit deinem Freund wegen eines kleinen Vergehens,*

8 *solange du kannst; denn das Können wohnt nahe bei der Notwendigkeit.*

9 *Dies nun wisse und gewöhne dich, darüber Herr zu werden:*

10 *vor allem über den Bauch, über Schlaf, Geilheit*

11 *und Zorn. – Tue niemals etwas Schändliches, weder mit anderen*

12 *noch allein; am meisten schäme dich vor dir selbst.*

13 *Als nächstes: sei gerecht in Wort und Tat*

14 *und gewöhne dir an, dich nie unüberlegt zu verhalten,*
15 *sondern erkenne, dass es allen bestimmt ist zu sterben*
16 *und dass Besitztum bald gewonnen, bald verloren wird.*
17 *Es gibt aber Schmerzen, die durch göttliches Geschick über die Sterblichen kommen; darum:*
18 *Wenn das Schicksal dich trifft, ertrage es und sei nicht unwillig.*
19 *Heile davon, soviel du kannst, und denke:*
20 *Nicht sehr viel davon gibt das Schicksal dem Guten.*
21 *Viele Reden kommen zu den Menschen, gute und schlechte.*
22 *Lass dich dadurch nicht erschrecken und nicht abbringen*
23 *vom Vorsatz. Wird etwas Unwahres gesagt,*
24 *so gib milde nach. Doch was ich dir sage, soll in allem erfüllt werden.*
25 *Keiner soll dich je verleiten, weder mit Worten noch mit Taten,*
26 *etwas zu tun oder zu sagen, was nicht das Bessere ist.*
27 *Überlege vor der Tat, damit sie sich nicht als töricht erweist:*
28 *Unüberlegtes Handeln und Reden sind Sache eines unwürdigen Mannes.*

29 *Was dir aber hinterher keinen Schmerz bringt, das führe durch bis zum Ende.*

30 *Tue nichts, wovon du nichts verstehst, doch lasse dich belehren,*

31 *soviel als nötig; so wirst du das angenehmste Leben verbringen.*

32 *Auch die Gesundheit des Körpers darfst du nicht vernachlässigen:*

33 *Halte Maß im Trinken, Essen und Sport.*

34 *Maß nenne ich, was später keinen Schmerz bringt.*

35 *Gewöhne dich an eine reine Lebensweise ohne Überfluss*

36 *und hüte dich, etwas zu tun, was Neid erregt:*

37 *Treibe keinen Aufwand zur unrechten Zeit wie einer, der nicht weiß, was sich ziemt.*

38 *Doch sei auch nicht kleinlich: Maß ist in allem das Beste.*

39 *Tue, was dir keinen Nachteil bringt, und überlege vor der Tat.*

40 *Lass den Schlaf nicht zu deinen sanften Augen kommen,*

41 *ehe du jedes der Werke des Tages dreimal durchdacht hast:*

42 *„Worin habe ich gefehlt? Was habe ich getan? Was habe ich versäumt?“*

43 *Beginne beim ersten und gehe alles durch und dann:*

44 *Hast du Schlechtes getan, so erschrecke, doch hast du Gutes getan, so freue dich.*
45 *Darin mühe dich, darauf besinne dich, danach sehne dich:*
46 *Dies wird dich auf die Spuren der göttlichen Tugend bringen.*

Der „Eid des Pythagoras"

47 *Nein, bei dem, der unserer Seele die Vierheit* (Tetraktys) *gegeben,*
48 *Quelle der ewigen Natur!*

Zweiter Teil

48 *Nun schreite zur Tat*
49 *und bete zu den Göttern, sie zu vollenden. Wenn du diese Lehren beherrschst,*
50 *erkennst du die Essenz der unsterblichen Götter und sterblichen Menschen:*
51 *wie sie alles durchdringt und alles von ihr regiert wird.*
52 *Du wirst erkennen, wie es dir zusteht, dass die Natur in allem gleich ist,*

53 *so dass du nichts erhoffst, was man nicht hoffen kann, und nichts dir verborgen bleibt.*

54 *Du wirst erkennen, dass die Menschen selbstgewählte Leiden haben,*

55 *die Armen, die das Gute, das nahe ist, nicht sehen*

56 *und nicht hören; nur wenige wissen eine Befreiung aus diesen Übeln.*

57 *Dieses Schicksal schwächt ihren Sinn. Wie rollende Steine*

58 *werden sie hierhin und dorthin gestoßen, erleiden endloses Leid.*

59 *Denn ein verderblicher Begleiter, der Streit, schadet ihnen unbemerkt*

60 *und ist mit ihnen verwachsen. Diesen darf man nicht antreiben: man muss ihm weichen und entfliehen.*

61 *Vater Zeus, wahrhaftig! Alle würdest du von vielen Übeln erlösen,*

62 *wenn du allen zeigtest, mit welchem Daimon sie leben!*

63 *Du aber sei guten Mutes, denn göttlich ist das Geschlecht der Sterblichen,*

64 *und die Natur, die das Heilige offenbart, zeigt ihnen alles.*

65 *Wenn dir davon etwas zuteil wird, wirst du das beherrschen, was ich dir verordne.*

66 *Du wirst deine Seele heilen und aus diesen Übeln retten.*

67 *Aber halte dich fern von der Nahrung, die wir in den „Reinigungen"*
68 *und in der „Erlösung der Seele" genannt haben. Bedenke dies alles, wenn du wählst,*
69 *und stelle die beste Einsicht oben als Wagenlenkerin hin.*
70 *Wenn du den Körper verlässt, und in den freien Äther gelangst,*
71 *wirst du unsterblich sein: ein unsterblicher Gott, nicht mehr sterblich.*

Die Goldenen Verse bestehen aus 71 „Sprüchen". Im Original sind es griechische Hexameter. Beim ersten Lesen sieht es so aus, als seien es zufällig aneinandergereihte Verhaltensregeln, Aufforderungen zu Einsicht und Erkenntnis, Beschreibungen der Situation des Menschen in der Welt und unter seinesgleichen.

Aber eine nähere Untersuchung ergibt, dass den Versen eine wohldurchdachte Gliederung zugrunde liegt. Das ist ja auch gar nicht anders möglich, da sie die Struktur des spirituellen Weges widerspiegeln und damit die Struktur der geistigen Welt.

Zunächst ist eine deutliche Zweiteilung zu unterscheiden. Der erste Teil umfasst die Verse 1 – 46, der zweite die Verse 48b – 71. Dazwischen steht der sogenannte „Eid des Pythagoras", der eine entscheidende Zäsur auf dem spirituellen Weg markiert. Teil 1 bezieht sich auf das Werden der neuen, der geistigen Welt entsprechenden Seelenverfassung. Sie entsteht durch eine bestimmte Lebensführung des Schülers und durch bestimmte Einsichten. Der zweite Teil schildert die Folgen aus der neuen Seelenverfassung: wieder eine bestimmte Lebensführung des Schülers und neue Erkenntnisse. Denn wenn der Mensch eine neue Seelenverfassung besitzt, folgen daraus mit Notwendigkeit neue Einsichten – die Seele ist dann ja neues Bewusstsein, offen für die Welt des Geistes – und ein neues Handlungsleben. Die neue Seele ist, erfüllt von der Kraft der geistigen Welt, selbst Dynamik und Kraft.

Der „Eid des Pythagoras" stellt den Akt der großen Umkehr des Schülers dar. Nach dem Aufbau der neuen Seelenverfassung – in dieser Phase des spirituellen Weges löst sich der Schüler bewusst von der Bestimmtheit durch die Gesetze und Kräfte der diesseitigen und jenseitigen Welt – übernimmt diese Seelenverfassung die Führung im Leben des Schülers. Die Gesetze und Kräfte der geistigen Welt bestimmen ihn zunehmend, und auf dieser Basis nimmt er endgültigen Abschied von Diesseits und Jenseits, den beiden Aspekten des irdisch Vergänglichen.

Die Goldenen Verse – erster Teil

Der erste Teil der Goldenen Verse, der Aufbau der neuen Seelenverfassung, beginnt mit der Aufforderung an den Schüler, sich seiner Stellung zur geistigen und irdischen Welt bewusst zu werden und sich entsprechend zu verhalten. Er beschreibt sodann ein neues Verhalten des Schülers, das zum Aufbau der neuen Seelenverfassung erforderlich ist. Der Schüler muss vier wesentliche Eigenschaften der Seele – Tugenden – entwickeln. Hierauf zeigen die Goldenen Verse, welche neuen Einsichten im Schüler in dieser Phase des Weges entstehen und wie diese Einsichten sein Leben praktisch und spirituell bestimmen: immer so, dass er seine alten Verstrickungen in die irdischen Verhältnisse löst und keine neuen Verstrickungen erzeugt.

Struktur der geistigen Welt

1 *Ehre vor allem die unsterblichen Götter, wie das Gesetz es bestimmt,*
2 *und achte den Eid. Ehre auch die edlen Heroen*
3 *und die Götter der Unterwelt mit den vorgeschriebenen Opfern.*

Für die Pythagoreer war es eine Selbstverständlichkeit, dass die Welt nicht nur die Dimensionen der sichtbaren Materie des Diesseits und der unsichtbaren Energien des Jenseits besitzt, sondern eine weitere, eine spirituelle Tiefendimension aufweist. Grund und Ursprung der Welt und der Menschheit ist eine geistige Struktur und Kraft, eine in sich gegliederte unvergängliche geistige Welt, die in Vers 1 als die „unsterblichen Götter" angedeutet wird. Sie besitzt eine ihr eigentümliche Gesetzmäßigkeit und Dynamik, die sich von der Gesetzmäßigkeit und Dynamik des Diesseits und Jenseits unterscheiden. Denn die „Götter" sind unsterblich, unvergänglich, während die Erscheinungen und Wesen des Diesseits und Jenseits sterblich sind.

Zu den unsterblichen Göttern gehören auch die Herrscher der Unterwelt, des Jenseits. Es sind diejenigen Wesen oder Prinzipien, die die ins Jenseits gelangenden Toten „richten". Sie urteilen, in welche Gebiete des Jenseits eine verstorbene Seele mit „guten" und „schlechten" Eigenschaften gehört. Sie sorgen dafür, dass alles Vergängliche der Seele nach einiger Zeit im Jenseits aufgelöst wird, damit der unvergängliche, in der Regel noch nicht bewusst gewordene Geistkern des Toten einen neuen Ausgangspunkt zur Wiederverkörperung gewinnt. Man könnte sagen, sie sind die Repräsentanten des Karmas im Jenseits, des „göttlichen Geschickes", wie es in Vers 17 heißt.

Zwischen der Sphäre der „unsterblichen Götter“ einerseits, und Diesseits und Jenseits andererseits befindet sich ein Bereich der „Heroen“: Menschen, die ihrer Seinsweise nach zur Welt der Götter gehören und daher unsterblich sind, mit ihrem Körper aber noch in der irdischen Welt leben. Es sind Menschen, die in der Lage sind, bewusst aus der geistigen Welt zu leben und zu handeln, und so deren Kräfte und Gesetze anderen Menschen, die noch keinen Zugang zur geistigen Welt gefunden haben, zu vermitteln. Pythagoras selbst ist ein Beispiel für einen solchen Botschafter aus der geistigen Welt.

Diese Verhältnisse machte sich der Schüler des Pythagoras zu Beginn des Weges immer wieder klar. Er wusste von Diesseits und Jenseits, wusste von den „Heroen“, und wusste von der Welt der unsterblichen Götter, die alles umschließt und durchdringt. Er wusste, dass er seinem innersten Wesen nach, als noch unentfalteter, unbewusster spiritueller Mensch, dieser geistigen Welt, den Göttern, angehörte. Er wusste auch, dass er potenziell der Welt der Heroen angehörte. Denn die neue Seelenverfassung in ihm wartete auf Entfaltung, wartete darauf, bewusst die Welt des Geistes zu erfahren und sie dann den übrigen Menschen weiterzuvermitteln. Ebenso wusste er, dass es ein Jenseits gibt, das Reich der Toten, und dass er selbst, als vom Karma bestimmter Mensch, diesem Reich angehörte. Er anerkannte die „Richter“ dieser Sphäre und achtete sie, weil er wusste, dass sie eine wichtige Funktion auch für ihn ausübten. Gelangte er nach dem Tod ins Jenseits, so lösten sie das, was vergänglich an ihm war, auf, und es blieb nur das übrig, was unvergänglich an ihm und eventuell durch seine Seelenarbeit bewusst geworden war.

Entscheidend für den spirituellen Weg war der Ausgangspunkt: das Verhältnis des Schülers zur geistigen Welt und zur Sphäre jener Menschen, die ihm aus der geistigen Welt entgegenkamen und bei seiner spirituellen Entwicklung behilflich waren. Sie zu ehren, hieß, sich ihrer Existenz zu öffnen, sich von ihren Kräften nähren und von ihren Gesetzen verwandeln zu lassen. Nur so konnten sich die geistigen Möglichkeiten im Schüler entfalten.

Eine Hilfe bei seiner Ehrung der unsterblichen Götter erhielt der Schüler des Pythagoras durch das „Gesetz". Die Heroen, die Botschafter aus der Welt der Götter, berichten den Menschen von dieser Welt und geben ihnen das Gesetz, wie der Mensch sich diesen Göttern und seinesgleichen gegenüber verhalten soll. In allen Religionen finden sich solche Vorschriften: etwa dass der Mensch sich für seine irdischen Interessen nicht auf die Götter berufen und ihre Hilfe in Anspruch nehmen soll. Dieses „Gesetz" gibt dem Menschen Richtlinien, solange er noch nicht aus eigener Einsicht weiß, wie er sich verhalten muss, um der Welt der Götter gegenüber offen zu bleiben.

Was den „Eid" betrifft, von dem Vers 2 spricht, so bezieht er sich vor allem auf das innere oder äußere

Versprechen, das der beginnende Schüler abgibt und das er nach bestimmten Abschnitten des Weges wiederholt. Er entschließt sich bewusst, und gibt diesem Entschluss auch Ausdruck, mit dem Einsatz aller Kräfte dem Ziel nachzustreben, das er als das seine erkannt hat: seine Bestimmung als spirituelles Wesen zu erfüllen. Er verpflichtet sich damit zur Treue gegenüber der Welt der Götter und Heroen, gegenüber dem spirituellen Weg und gegenüber allen Verhaltensrichtlinien des geistigen Gesetzes, die er mehr oder weniger selbst erkennt und die die Grundbedingungen für den geistigen Weg ausmachen.

Das „Gesetz" ist eine der Hilfen, die der Schüler von oben her bekommt, um den spirituellen Weg zu gehen. Der „Eid", seine Verpflichtung zu diesem Weg, ist eine Hilfe, die er sich selbst, von unten her, geben kann.

Struktur der irdischen Welt

4 *Ehre deine Eltern und deine nächsten Verwandten.*
5 *Von den andern mache dir den zum Freund, welcher der Vortrefflichste ist.*
6 *Lass dich erweichen von (seinen) milden Worten und nützlichen Taten.*
7 *Entzweie dich nicht mit deinem Freund wegen eines kleinen Vergehens,*

8 *solange du kannst; denn das Können wohnt nahe bei der Notwendigkeit.*

Die Eltern

Nachdem die Goldenen Verse das Verhältnis des Schülers zu den Wesen der Welt des Geistes: den unsterblichen Göttern, den edlen Heroen und den das Jenseits beherrschenden unsterblichen Göttern beschrieben haben, wenden sie sich dem Verhältnis des Schülers zu den Wesen im Diesseits zu. Denn auch dieses Verhältnis muss gewissen Bedingungen genügen, damit günstige Voraussetzungen für den spirituellen Weg geschaffen werden. Dabei ist zu unterscheiden zwischen den „Eltern" und den „Freunden".

Die „Eltern" stehen nicht nur für die leiblichen Erzeuger, sondern überhaupt für die Tradition und alle Institutionen, die aus der Vergangenheit in die Gegenwart hereinragen und dem Menschen das Leben im Diesseits ermöglichen. Beruhen nicht alle kulturellen, materiellen und gesellschaftlichen Einrichtungen, in die ein Mensch hineingeboren wird, auf den Leistungen seiner Vorfahren? Wächst er nicht durch die Bemühungen seiner Eltern und Lehrer in diese Verhältnisse hinein, und verdankt er nicht Vorgesetzten und Behörden, dass diese Verhältnisse aufrechterhalten werden? Selbst wenn all diese Einrichtungen, Instanzen und Menschen total korrumpiert wären, weiß der Schüler doch, dass er ohne sie als irdischer Mensch nicht existieren könnte.

Dies erkennt er an, und insofern ehrt er die gegebenen Traditionen und ihre Vertreter. Das bedeutet nicht, dass er die Augen vor Fehlentwicklungen, vor Unrecht, und vor allem davor verschließen müsste, dass Traditionen die Tendenz haben, ihn im einmal eingefahrenen Gleis festzuhalten.

Löst er sich von solcher Bevormundung durch Traditionen, so wird er dabei nicht verletzend werden. Er wird Verständnis für seine Herkunft und die Gegebenheiten zeigen, in die er hineingeboren ist, geben sie ihm doch die diesseitige Grundlage für den spirituellen Weg. Dafür ist er seinen „Eltern" dankbar, dafür ehrt er sie.

Und wenn er auf einer neuen inneren Basis den Traditionen und diesseitigen Gegebenheiten frei gegenüberstehen kann, kann er auch das ihm Mögliche tun, diese Traditionen und Gegebenheiten in einem Zustand zu halten, der dem spirituellen Weg möglichst günstig ist. Wie er auf eine gute körperliche Verfassung achtet, so achtet er auch im Rahmen seiner Möglichkeiten auf eine reine biologische und soziale Umwelt.

Die Freunde

Die „Eltern" versinnbildlichen alle diesseitigen Verhältnisse, in die der Mensch ohne sein Zutun hineingeboren ist: die äußeren Grundlagen für den spirituellen Weg. Die „Freunde" dagegen sind diejenigen Menschen und Verhältnisse, die sich der Mensch frei wählen kann. Sie sind daher in besonderer Weise entscheidend für das Gehen des spirituellen Weges und entsprechen dem inneren Zustand des Schülers. Denn seine Aufgabe ist es ja, sich allmählich von der Bestimmtheit durch äußere Verhältnisse: blutsverwandtschaftliche Bindungen in Gestalt von Familie, Stamm und Volk, regionalen und Interessengebundenheiten zu lösen, um freie Gruppenbindungen auf der Basis der eigenen Wahl und seiner innersten Eigenschaften einzugehen.

Maßstab für die Auswahl seiner Freunde – und dazu können natürlich auch seine Eltern gehören, wenn eine innere Entsprechung zwischen ihm und ihnen besteht – ist das große Ziel der neuen Seelenverfassung, das im Schüler angelegt ist. Der „Vortrefflichste" ist derjenige, der die neue Seelenverfassung am weitestgehenden verwirklicht hat oder am ehrlichsten danach strebt. Schließt sich der Schüler solchen Menschen an, so wird das seine eigene Entwicklung befördern. Sein und Handeln der anderen werden die neuen Seelenanlagen in ihm selbst anregen. Umgekehrt werden ihn Menschen, die in ihren irdischen Interessen und Gewohnheiten aufgehen und seiner Entwicklung skeptisch oder gar feindlich gegenüberstehen, sehr behindern.

Aber auch er selbst stellt sich anderen zur Verfügung, die wie er Erkenntnis und Verwirklichung ihrer Bestimmung suchen und eine neue Seelenverfassung anstreben. Für sie kann er selbst der „Vortrefflichste" sein und hat, wenn er von ihnen als Vorbild und Freund gewählt wird, für sie eine Aufgabe. Die Gemeinschaft der Schüler des Pythagoras war eine Gruppe von Menschen, die untereinander in Freundschaft auf dieser Basis des gemeinsamen Erkennens der Bestimmung des Menschen und des gemeinsamen Strebens nach Verwirklichung verbunden waren.

In einer solchen Gemeinschaft ist jeder selbstständig und frei, seinen eigenen Weg zu gehen. Dennoch weiß jeder auch, dass er sich viele Illusionen über sich selbst, den vor ihm liegenden Weg und das in der Ferne winkende Ziel macht. Er wird deshalb nicht eigensinnig auf dem, was er erreicht und erkannt zu haben glaubt, beharren, sondern sich bereitwillig von anderen, von ihren „milden Worten und Taten", korrigieren lassen.

Er wird auch wissen, dass jeder Mensch, gerade der auf dem spirituellen Weg Strebende, Fehler hat und Fehler macht. Dafür ist er ja Schüler und noch nicht Meister. Er wird also seine Freunde nicht idealisieren und so sehr bewundern, dass er selbst darüber seine eigenen Möglichkeiten und Aufgaben vergisst.

Ebenso wenig wird er sie wegen ihrer Fehler kritisieren und sich „kleiner Vergehen“ wegen mit ihnen entzweien. Denn er selbst ist von diesen kleinen Vergehen nicht frei, und wollte er solche Vergehen nicht immer wieder entschuldigen, so würde die Gemeinschaft schnell auseinanderbrechen. Auf der Basis des gemeinsamen Zieles und Weges aber sind Entschuldigungen immer wieder möglich.

Doch gibt es auch unter Freunden auf dem spirituellen Weg Fälle, wo sie sich auseinanderentwickeln, sei es, dass der individuelle Weg des einen sich so sehr von dem des anderen unterscheidet, dass kein Verständnis mehr möglich ist, sei es, dass ein Freund den spirituellen Weg überhaupt aufgibt. Hier sind „Notwendigkeiten“ im Spiel, Schicksalskräfte, die stärker sein können als der gute Wille und die Fähigkeit zu verstehen. Wo diese inneren Notwendigkeiten so wirken, dass die Wege zweier Freunde parallel laufen, da entspricht ihnen auch das Können dieser Freunde: ihre Fähigkeit, miteinander zu gehen. Wirken jedoch diese Notwendigkeiten in Richtung einer Auseinanderentwicklung der beiden, versagt ihr Können unter Umständen. Ihre Fähigkeit und ihr Wille, miteinander zu gehen, sind der Situation nicht mehr gewachsen.

In diesem Sinn wohnt das Können nahe bei der Notwendigkeit. Die Notwendigkeit ist das Stärkere. Das Können des Menschen, seine Willenskräfte, kommen nur zur Geltung, wenn sie sich im Rahmen des Notwendigen bewegen und nicht zu weit davon entfernen. Der Wille des Menschen kann das Notwendige unterstützen oder dessen Folgen abmildern. Entfernt er sich aber zu weit von dem, was die Schicksalskräfte als notwendig vorgeben, so wird er versagen. Auch mit größter Bemühung wird er nichts gegen die Notwendigkeit ausrichten. Er muss einwilligen in das, was die Notwendigkeit gebietet.

Neue Lebensführung

Mit Vers 1 – 8 ist die Stellung des Schülers des Pythagoras zu den verschiedenen Ebenen der Wirklichkeit charakterisiert: angefangen von der Ebene der geistigen Welt und der der Botschafter aus der geistigen Welt übers Jenseits bis zum Diesseits. Jetzt werden, bis Vers 46, die Aspekte der Arbeit des Schülers an sich selbst dargestellt, die zur Entfaltung der in ihm angelegten Seelenverfassung führt. Es geht dabei nicht um moralische Vervollkommnung des Lebens im Diesseits. Alle Regeln haben nur den Sinn, den Schüler gerade von den Zwängen und Illusionen des Lebens im Diesseits zu befreien, damit sich eine neue, der Welt des Geistes zugewandte Seelenverfassung herausbilden kann. Diese Befreiung ist nicht allein durch Vorsatz möglich, sondern vor allem dadurch, dass der Schüler die im eigenen Wesen angelegte

Seelenverfassung wirken und sich zu Bewusstsein kommen lässt. Selbsterkenntnis ist daher das entscheidende Prinzip auf diesem Weg. Wird dem Schüler die in ihm angelegte Seelenverfassung bewusst, so werden ihm auch die Hindernisse bewusst, die der Verwirklichung des Neuen im Weg stehen. Und diese Bewusstwerdung ermöglicht zunächst eine Distanzierung von ihnen und sodann die Herrschaft über sie.

Die vier Seelentugenden

9 *Dies nun wisse und gewöhne dich, darüber Herr zu werden:*
10 *vor allem über den Bauch, über Schlaf, Geilheit*
11 *und Zorn. – Tue niemals etwas Schändliches, weder mit anderen*
12 *noch allein; am meisten schäme dich vor dir selbst.*
13 *Als nächstes: sei gerecht in Wort und Tat*
14 *und gewöhne dir an, dich nie unüberlegt zu verhalten,*

Die Verse 10 – 14 schildern die Grundeigenschaften der neuen Seelenverfassung. Sie entsprechen den vier Seelentugenden, die Platon später in seiner *Politeia*[26] dargestellt hat. Sie werden nur errungen, indem sie und die ihnen entgegenstehenden Hindernisse zuerst erkannt werden. Deshalb fordert Vers 9 den Schüler auf: „Dies nun wisse“ – Erkenne das folgende. Nach der Erkenntnis wird dann auch durch unermüdliche Arbeit die Herrschaft über die der Seele feindlichen Kräfte errungen werden können.

Die vier kardinalen Seelentugenden sind erstens *Mäßigkeit* als Beherrschung der Triebe und Leidenschaften der Seele. Diese Tugend bezieht sich auf das Energiezentrum des Menschen in der Unterleibsregion. Zweitens *Tapferkeit*. Es ist die Fähigkeit des Menschen, mutig zu dem zu stehen, was er als das für sich Heilsame erkannt hat. Diese Tugend bezieht sich auf das Gefühlszentrum des Menschen im Herzen. Drittens *Weisheit*, die Fähigkeit des Menschen, die Dinge zu durchschauen und nach den Gesetzmäßigkeiten des Daseins, das heißt nach der in Wesen und Dingen wirkenden Vernunft, die alles seiner Bestimmung entgegendrängt, zu leben und zu handeln. Diese Tugend bezieht sich auf das Denkzentrum des Menschen im Haupt. Viertens *Gerechtigkeit*. Es ist die harmonische Ordnung der drei Zentren, die darin besteht, dass das Haupt als das oberste Zentrum Herz und Körper regiert, so dass das Herz – die Tapferkeit – dem Haupt, dient und die Mäßigkeit, die beherrschten Energien, dem Herzen und dem Haupt zur Verfügung stehen.

Mäßigkeit

Die Mäßigkeit soll der Schüler in vier Bereichen erringen: erstens in Bezug auf seine Begierden. „Bauch“ meint nicht nur Essen und Trinken, sondern jede Begierde und Sucht, auch die nach Genussmitteln, nach Wohlstand und Reichtum, nach Besitz in jeglicher Form.

Zweitens bezieht sich die Mäßigkeit auf den „Schlaf“. Mit „Schlaf“ ist weit mehr gemeint als nur die Gewohnheit, allzu gern und zu lange zu schlafen und dadurch vielleicht seine Pflichten und Lebensmöglichkeiten zu versäumen. Denn Trägheit in jeder Form, Sich-Gehenlassen, in Resignation und Selbstmitleid zu versinken, sich den Unbilden der Welt und des Schicksals ängstlich entziehen zu wollen – all dies ist „Schlaf“, auch die Gewohnheit, die Augen nicht aufzumachen und nicht zu sehen, was in der Welt vor sich geht und was vom Menschen gefordert ist. Wachheit, Freiwerden von fesselnden Gewohnheiten, entschiedenes Handeln in Bezug auf einmal als richtig Erkanntes, ist Beherrschung des „Schlafbedürfnisses“.

Der dritte Aspekt der Mäßigkeit ist das Verhältnis des Schülers zur Sexualität. Jede Übertreibung in dieser Hinsicht führt zu noch tieferer Verstrickung in irdische Verhältnisse und raubt dem Schüler die Klarheit und Energie, die er zur Gestaltung seines Lebens und Erfüllung seiner Pflichten braucht. Der Schüler des Pythagoras achtete darauf, dass die Sexualität kein Eigenleben gewann und seine Leidenschaften ihn nicht zum Sklaven machten. Einbettung der Sexualität in größere Gefühls- und soziale Zusammenhänge heißt, „darüber Herr sein".

Sexualität wird oft dazu benutzt, den Geltungstrieb, Besitztrieb und Machtrieb auszuleben, oder Gefühls- und soziale Beziehungen zu ersetzen. Dadurch bekommt sie eine Wichtigkeit, die ihr an sich nicht eignet. Erkennt der Mensch solche Sachverhalte, etwa, dass er seinen Selbstwert von sexuellen „Erfolgen" abhängig macht, wird er wieder etwas mehr „Herr" über die Sexualität.

Und der vierte Bereich, auf den sich Mäßigkeit bezieht, ist der „Zorn". „Zorn" sind ganz allgemein unkontrollierte Explosionen von Energien, die dem Menschen eigentlich zur sinnvollen Selbsterhaltung und Selbstverwirklichung gegeben sind. Der Mensch wird zornig, wenn ihm Leidenschaften und Wünsche durchkreuzt werden. Ohne zu überlegen, ob solche Durchkreuzungen gerechtfertigt, ja vielleicht notwendig sind, reagiert er mit Energieausbrüchen.

Eine besonders weit verbreitete, subtile Form des Zorns ist die destruktive Kritik. Es ist die mehr oder weniger aggressive Reaktion auf eine Durchkreuzung von Erwartungen, die der Betreffende anderen Menschen oder Situationen gegenüber hegt. Er fragt nicht mehr: Sind meine Erwartungen berechtigt? Kann der andere sie erfüllen? Er macht nur einfach seiner Enttäuschung auf Kosten des anderen Luft. Herr über den Zorn sein, heißt, zu erkennen, dass in jedem Menschen Leidenschaften, Wünsche und Vorstellungen vorhanden sind, die denen anderer Menschen widersprechen, und dass es andere Wege als Gewalt und Kritik geben muss, um diese Gegebenheiten auszugleichen. Der Zorn ist der schlechteste Ratgeber in Konfliktsituationen. Er schädigt den Zornigen selbst und alle, die sein Zorn trifft.

Es gibt Wege, den Energien des Menschen positive Richtungen zu geben – sowohl den „Aggressionen“ als auch der Sexualität und den Begierden und Leidenschaften. Damit werden dem Energiezentrum im Unterleib sinnvolle Funktionen zugewiesen.

Tapferkeit

Um diese sinnvolle Zuweisung vornehmen zu können, muss der Mensch wissen, was sinnvolle Funktionen sind, und er muss in der Lage sein, den Energien Zügel anzulegen, wenn sie sich verselbstständigen und Unheil anrichten wollen. Diese Fähigkeit ist die Tapferkeit. Sie ist eine Funktion des Herzens, des zweiten Zentrums des Menschen, und hängt eng mit der „Ehre“ zusammen. Ehrenhaft handelt ein Mensch, der die unheilvolle Verselbstständigung seiner Energien unterbindet und sie so einsetzt, dass sie einer

Seelenverfassung, die im Einklang mit der geistigen Welt ist, dienen. Die Übereinstimmung der Handlungen und des Seins des Schülers mit der in ihm angelegten Seelenverfassung, mit seiner wahren Identität, ist seine Ehre. Sie aufrechtzuerhalten, bedarf es der Tapferkeit.

Vers 11 fordert den Schüler auf, niemals etwas Schändliches, etwas Unehrenhaftes zu tun, etwas, was seiner eigentlichen Identität, seiner Ehre, nicht entspricht. Und etwas Schändliches entsteht immer, wo die Energien des Menschen sich verselbstständigen, ihn versklaven und seine neue Seelenverfassung zerstören. Sei tapfer, ruft dieser Vers dem Schüler zu, stehe mit aller Kraft zu dir selbst, zu dem, was du als dein wahres Selbst erkannt hast, und lasse es nicht durch Begierden, Trägheit, Leidenschaften und Zorn zerstören! Stehe also auch zu deinem Weg und vermeide tapfer alles, was deine Schwächen ausnützen will.

Pythagoras kannte die Menschen. Er wusste, dass sie gerade auf Grund ihres Ehrbedürfnisses leicht verführbar sind. Vielleicht weiß jemand ganz genau, was in einer gegebenen Situation schändlich wäre. Vielleicht wäre er, allein, tapfer genug, dem Zug zur Schändlichkeit zu widerstehen. Doch lässt er sich gern von anderen beeinflussen. Sie bezeichnen mitunter eigentlich Schändliches als ehrenhaft und reißen den Betreffenden in die Schande mit hinein, weil er bei ihnen Ehre einlegen möchte. Er setzt dann sein eigenes Urteil außer Kraft und orientiert sich an anderen. Deshalb betont Vers 11, der Schüler solle „mit anderen“ nichts Schändliches tun. Umgekehrt kann es sein, dass andere wirklich wissen, was schändlich ist und dass sich jemand bei der Vorstellung, vor den Augen anderer eine schändliche Tat zu vollbringen, schämt und diese Tat unterlässt. Allein aber, heimlich, handelt er schändlich, weil er nicht befürchten muss, bei anderen als unehrenhaft zu gelten. Deshalb betont Vers 11 zugleich, der Schüler solle auch „allein“ nichts Schändliches tun.

Aber primär sollte das eigene Urteil sein, meint Vers 12. Eine Tapferkeit und Ehrenhaftigkeit, die nur auf Anerkennung durch andere beruht, stünde auf schwachen Füßen. Der Betreffende könnte sich nie sicher sein, ob nicht die anderen die Maßstäbe fälschen und als schändlich bezeichnen, was in Wirklichkeit ehrenhaft ist, und als ehrenhaft, was in Wirklichkeit schändlich ist. Eine fest begründete Tapferkeit und Ehrenhaftigkeit kann nur dadurch entstehen, dass jemand im eigenen Herzen erkennt, was in Übereinstimmung mit der in ihm angelegten Seelenverfassung ist und was nicht, was getan und was unterlassen werden muss, wozu er stehen und was er ablehnen muss. Dann kann er aus dem eigenen Innersten die Energien mobilisieren, durch die er die Übereinstimmung mit sich selbst – die Ehre – aufrechterhält und jede Zerstörung dieser Übereinstimmung – die Schande – verhindert. Vortreffliche

Freunde, die ebenfalls Ehre und Schande erkennen und danach leben, können ihn darin bestärken.

Gerechtigkeit

Gerechtigkeit ist die vierte platonische Tugend. Sie fasst Mäßigkeit, Tapferkeit und Weisheit zusammen und bringt sie in die richtige Ordnung. Sie ist die Harmonie der neuen Seelenverfassung. Harmonie ist gegeben, wenn die Energien gezügelt und durch Tapferkeit in die richtige Richtung gelenkt werden – und wenn diese richtige Richtung durch die Weisheit erkannt und vorgegeben wird. Weisheit, die Einsicht in die neue Seelenverfassung, ist also das leitende Prinzip in der Seelenorganisation eines Schülers.

Platon verglich diese Seelenordnung mit einer Staatsverfassung. Er erklärte, nur wenn die Philosophen an der Spitze eines Staates stünden – Menschen, die weise sind und Einsicht in die Strukturen der geistigen und irdischen Welt besitzen –, erwüchsen dem Staat keine Übel mehr. Wenn dagegen in einer Seele Begierden und Leidenschaften oder analog dazu in einem Staat nur wirtschaftliche Gesichtspunkte vorherrschen, wird es über kurz oder lang zu Stagnationen und Fehlentwicklungen kommen, ebenso, wenn in einer Seele oder in einem Staat die Tapferkeit regiert, ohne von der Weisheit geleitet zu werden. Denn dann wird es in der Politik und im Verhalten der Seele nur um Prestige gehen, was ebenfalls chaotische Verhältnisse heraufführt.

Weisheit

Weisheit, die dritte platonische Tugend, ist also entscheidend. Die Orientierung an den Gesetzen der geistigen Welt und die Einsicht in den Charakter der irdischen Welt muss das ganze Leben des Schülers auf dem spirituellen Weg durchdringen und leiten. Alle Goldenen Verse von jetzt an bis Vers 46 entfalten das Wesen der Weisheit und verschiedene Aspekte des Lebens, in denen sie zur Anwendung kommt.

Erkenntnis der Welt

15 *sondern erkenne, dass es allen bestimmt ist zu sterben*
16 *und dass Besitztum bald gewonnen, bald verloren wird.*
17 *Es gibt aber Schmerzen, die durch göttliches Geschick über die Sterblichen kommen; darum:*

18 *Wenn das Schicksal dich trifft, ertrage es und sei nicht unwillig.*
19 *Heile davon, soviel du kannst, und denke:*
20 *Nicht sehr viel davon gibt das Schicksal dem Guten.*

Es geht zuerst um die allgemeine Einsicht des Schülers in den Charakter der diesseitigen Welt (Vers 15 – 16) und der jenseitigen Welt bzw. des Karmas (Vers 17 – 20). Nichts fördert die Orientierung des Schülers auf die geistige Welt so sehr wie die Erkenntnis, dass Diesseits und Jenseits keine dauerhaften Perspektiven bieten. Deshalb lenken auch alle Religionen und Mysterienschulen die Aufmerksamkeit ihrer Schüler stets nachdrücklich auf die Relativität und Vergänglichkeit der Verhältnisse in Diesseits und Jenseits.

Diesseits

In diesem Sinn fordert Vers 15 den Schüler auf, mit eigenen Augen zu erkennen, dass alle Dinge und Menschen im Diesseits sterben müssen. Mit der Geburt im Diesseits ist schon der erste Schritt auf den Tod zu gemacht. Was hat es also für einen Sinn, sich an Dinge und Menschen des Diesseits zu klammern und sich das Heil von ihnen zu erwarten? Sie bieten keinen zuverlässigen Halt, sie lassen den Menschen mit leeren Händen dastehen. Der irdische Teil des Menschen vergeht. Vergeblich ist seine Hoffnung, irgendwann in ein ewiges Leben einzutreten. Sterbliches kann nicht unsterblich werden.

Ein Aspekt der Weisheit des Schülers ist es daher, dies einzusehen, nichts absolut Gültiges von den irdischen Verhältnissen zu erwarten und sich auf die geistige Welt und ihre Entfaltung im Inneren zu richten. Denn sie ist absolut gültig, sie bietet Ewigkeitswerte und einen unzerstörbaren Halt. Ebenso erkennt der Schüler, dass aller irdische Besitz, den er sich erringen kann, vom materiellsten bis zum ideellsten, vom konkretesten Reichtum bis zu den höchsten intellektuellen, moralischen und ästhetischen Schätzen, unzuverlässig ist. Wie gewonnen, so zerronnen.

Wozu also hartnäckig nach irdischem Besitz streben, der doch jeden Augenblick verloren gehen kann und spätestens mit dem Tod verloren geht? Warum nicht lieber gelassen das annehmen, was einem die Verhältnisse an Möglichkeiten bieten, und das anstreben, was einem die individuellen Fähigkeiten zu erreichen gestatten? Warum nicht gelassen fahren lassen, was nicht zu halten und nicht zu erreichen ist? In dieser Einstellung zur irdischen Welt würde sich dem Schüler zeigen, dass ihm die geistige Welt all ihre unerschöpflichen Schätze anbietet, dass sie in ihm sind und ihm zur Verfügung stehen.

Weisheit ist außerdem Erkenntnis der Gesetzmäßigkeiten des Karmas, des Schicksals – eines Teils der jenseitigen Welt, die stets in die diesseitige Welt hineinwirkt. Der Schüler wird erkennen, dass sein irdisches Leben von den größeren Zusammenhängen des „göttlichen Geschickes" geprägt ist und dass dieses Geschick nicht nur Angenehmes, sondern auch Schmerzliches für ihn bereithält. Vers 17 sagt: Es gibt aber Schmerzen, die durch göttliches Geschick über die Sterblichen kommen. Viele Krankheiten, Beziehungen zu Menschen, Begegnungen mit Menschen sind karmisch bedingt. Der Mensch kann ihm liebe Menschen und Dinge verlieren, von Unglück jeder Art betroffen werden, in Verhältnisse hineingezwungen werden, die ihm seinem Empfinden nach überhaupt nicht entsprechen.

Der Schüler weiß, dass diese Übel und Schmerzen häufig Folgen der Taten sind, die die mit seinem unsterblichen wahren Selbst verbundenen Persönlichkeiten früherer Leben begangen haben. Er weiß auch, dass sich eine „gute" Seele, eine Seele, die sich weitgehend im Einklang mit der geistigen Welt befindet, in einer guten Persönlichkeit verkörpert. Diese Persönlichkeit wird nicht allzu viele Schicksalsschläge erleiden müssen, da die Taten der vorhergehenden Verkörperungen der Seele im Einklang mit den Gesetzen der geistigen Welt erfolgt sind und auch ihre eigenen Taten diesen Gesetzen weitgehend entsprechen. Denn Karma ist nichts anderes als Korrektur der von den geistigen Gesetzen abweichenden Taten des Menschen, sei es, dass sie schon im jetzigen Leben, sei es erst in einem späteren Leben auftritt.

Aufgrund dieses Bewusstseins wird der Schüler danach streben, wirklich im Einklang mit den geistigen Gesetzen zu handeln und sie zu erkennen, um nicht neue karmische Verwicklungen zu schaffen. Es wird ihm aber auch dazu verhelfen, darin einzuwilligen, dass er die Korrekturen des Schicksals, die aus früheren Leben in seine Gegenwart hineinwirken, akzeptiert. Denn sie haben keinen anderen Zweck, als seiner Seele Erkenntnis ihrer Fehler zu vermitteln und sie dazu zu bewegen, fortan im Einklang mit den geistigen Gesetzen zu handeln. Deshalb fordert Vers 18 den Schüler auf, sein Schicksal geduldig zu ertragen und nicht dagegen aufzubegehren. Begehrt er dagegen auf, reagiert er z.B. auf ihm zugefügtes Unrecht wieder mit Unrecht, so spinnt er die Schicksalsverstrickung nur fort, in seinem jetzigen und in späteren Leben. Seine Seele bleibt in diesen Verstrickungen gefangen, obwohl sie sich doch danach sehnt, von ihnen freizuwerden.

Jedes unwillige Murren gegen das Schicksal, erst recht jedes aktive Aufbegehren dagegen verhindert, dass er erkennt, welche Lektion ihm ein Schicksalsschlag geben will. Erst in der inneren Ruhe, die durch geduldiges Ertragen entsteht, kann sich seiner Intuition zeigen, welche Fehler durch einen Schicksalsschlag korrigiert werden sollen und worin der Einklang der Seele mit den geistigen Gesetzen besteht. Und auch wenn er das als bewusste Persönlichkeit nicht erkennt: Seine Seele wird durch das geduldig ertragene Schicksal reifen und in ihren unbewusssten Tiefen spüren, welchen Sinn das Schicksal hatte.

Geduldiges Ertragen schließt nicht aus, dass schicksalsbedingte Verhältnisse auch verändert, „geheilt" werden. Im Gegenteil: Geduldiges Ertragen ist nur die Voraussetzung für eine solche Veränderung. Niemand hat Einfluss darauf, was als Schicksal – sofern es in früheren Leben verursacht ist – auf ihn zukommt. Aber die Einstellung zu diesem Schicksal liegt in seiner Macht. Er kann gegen einen schicksalsbedingten Konflikt aufbegehren, ihn dadurch noch verschärfen und die Schicksalsverstrickung fortsetzen. Er kann ihn aber auch geduldig ertragen, dadurch dessen Wurzeln im eigenen Wesen erkennen und sich auf neue Weise verhalten. So entzieht er, in Bezug auf sich selbst, diesem Konflikt seine Grundlage. Das kann, muss jedoch nicht, dazu beitragen, dass auch der Gegner aus einem Gegner zum Partner wird. Was aber den Schüler selbst betrifft, so heilt er durch dieses neue Sein und Verhalten eine Wunde des Schicksals. Er nimmt eine Korrektur aus der geistigen Welt an und gelangt so in harmonischen Einklang mit ihr.

Schicksalsverhältnisse können überdies so mächtig sein, dass ein geduldiges Ertragen zunächst nicht möglich ist. Hier hat der Schüler die Freiheit, sich auch einmal zurückzuziehen und abzuwarten, bis ihm neue Kräfte zum Ertragen und Heilen zugewachsen sind. Ob es auszuharren gilt oder ob ein vorläufiger Rückzug angebracht ist – diese Entscheidung ist auch eine Sache der Weisheit. Denn die Verlockung ist groß, sich einer unangenehmen Situation, die durchgestanden werden könnte und müsste, zu entziehen. Der Rückzug wäre dann eine Flucht, und die Situation träte in der einen oder anderen Form doch wieder auf. Umgekehrt wären falscher Stolz oder übertriebenes Pflichtbewusstsein ebenfalls von Übel. Was hülfe es dem Menschen auszuharren, wenn er durch die Umstände, für die er noch zu schwach ist, zerrieben wird? Heile davon, *soviel du kannst*, sagt Vers 19 nicht ohne Grund.

Wie auch immer: Der Schüler verhält sich in allen schicksalsbedingten Lagen so, dass ihm nach Möglichkeit bewusst wird, welche Korrektur das Schicksal vornehmen will, und dass er in diese Korrektur auch aktiv einwilligt. Denn dadurch gerät seine Seele wieder in Harmonie mit der geistigen Welt.

Selbstständigkeit

21 *Viele Reden kommen zu den Menschen, gute und schlechte.*
22 *Lass dich dadurch nicht erschrecken und nicht abbringen*
23 *vom Vorsatz. Wird etwas Unwahres gesagt,*
24 *so gib milde nach. Doch was ich dir sage, soll in allem erfüllt werden.*
25 *Keiner soll dich je verleiten, weder mit Worten noch mit Taten,*
26 *etwas zu tun oder zu sagen, was nicht das Bessere ist.*

Die Verse 21 – 26 beziehen sich auf das Stehvermögen des Schülers inmitten der unzähligen Einflüsse, die von anderen Menschen auf ihn eindringen. Ein solches Stehvermögen ist erstens nur möglich, wenn sich der Schüler klar darüber geworden ist, was eigentlich sein Ziel ist und welche Lebensführung auf dem Weg zum Ziel notwendig ist; wenn er also weiß, in welchen großen geistigen und Menschheitszusammenhängen er lebt. Er muss somit über Weisheit verfügen. Zweitens bedarf er für dieses Stehvermögen der Tapferkeit, der Treue zur einmal erkannten Wahrheit. Und drittens wird er gelernt haben müssen, seine Triebenergien tapfer zu zügeln und besonnen den

Zielen unterzuordnen, die er als wesentlich erkannt hat: Mäßigkeit.

Es geht in diesen Versen darum, dass, wie Vers 25 sagt, keiner den Schüler verleitet, „weder mit Worten noch mit Taten, etwas zu tun oder zu sagen, was nicht das Bessere ist“. Dieses „Bessere“ ist es, zu dem der Schüler zu stehen lernen muss, das er inmitten aller Turbulenzen, Angriffe und Verführungen bewahren und weiterverfolgen muss. Was ist dieses Bessere? Die neue Seelenverfassung, ein innerer Zustand, der aus der Struktur der geistigen Welt folgt und der Bestimmung des Menschen entspricht. Sie ist der Kompass, mit dessen Hilfe sich der Schüler im Meer der durcheinanderwirbelnden Weltanschauungen, Lebensauffassungen und Lebensführungen orientiert. Überall sind Menschen und Institutionen bestrebt, ihn seiner Selbstständigkeit, Nüchternheit und Freiheit zu berauben. Da gilt es, klaren Kopf zu bewahren, treu und tapfer zur eigenen Einsicht zu stehen und Mäßigkeit zu zeigen. Er darf sich durch Reizungen der Triebenergien von außen nicht aus dem Gleichgewicht bringen lassen.

Weder Worte, ob sie im persönlichen Kreis, in Massenveranstaltungen oder in Medien geäußert werden, noch Taten sollen den Schüler von dem Ziel und dem Weg abbringen, die er als das „Bessere“ erkannt hat. Wie verführerisch ist schon das Vorbild von „Freunden“, die sich unmäßig oder unvernünftig verhalten und diesem Verhalten durch schöne Worte noch den Anschein des Idealen oder gar Notwendigen geben! Um so verführerischer sind die Idole in Politik und Gesellschaft, die noch raffinierter mit dem Glanz des Glückes und Erfolges ausgestattet werden. Lass dich dadurch, sagen die Verse zum Schüler, nicht verleiten, etwas zu tun oder zu sagen, was nicht das Bessere ist! Die guten und die schlechten „Reden", die Argumente, wird der Schüler mittels der eigenen Einsicht prüfen (Vers 21).

Ebenso wenig, wie er sich verleiten lässt, lässt er sich erschrecken. Schwarzmalerei, böse Prophezeiungen und Zukunftsszenarien, ja persönliche Drohungen bringen ihn von seinem „Vorsatz", seinem Weg nicht ab. Er ist Realist, lässt sich weder zu Optimismus noch zu Pessimismus verführen, sondern betrachtet die Welt mit den eigenen Augen. Da sieht er denn ihre vergänglichen Schrecken und die Wirksamkeit des „schlechten" Karmas, er sieht auch ihre vergänglichen Freuden und die Wirksamkeit des „guten" Karmas, und sieht vor allem die Möglichkeiten für den spirituellen Weg, die in den Menschen stecken.

Wenn Unwahres gesagt wird – über andere Menschen, über die Welt, über ihn selbst – braust er nicht ungeduldig auf. Er führt auch keinen fanatischen Kreuzzug gegen die Unwahrheit, sondern nimmt das Gesagte freundlich zur Kenntnis. Nur das ist gemeint mit „milde nachgeben". Es kann nicht gemeint sein, dass der Schüler das Unwahre schweigend hinnehmen soll. Wenn es ihm gelingt, das Unwahre ruhig zur Kenntnis zu nehmen, wird er auch einschätzen können, ob im gegebenen Augenblick eine Klarstellung notwendig und sinnvoll ist und wie diese Klarstellung so erfolgen kann, dass nicht unnötig böses Blut entsteht.

All dies wird noch einmal durch Vers 24 unterstrichen und dem Schüler eingeschärft: „Was ich dir sage, soll in allem erfüllt werden!“ Denn nichts ist wichtiger, als das Stehvermögen des Schülers in eigener Einsicht und Selbstständigkeit.

Erkenntnis und Tat

27 *Überlege vor der Tat, damit sie sich nicht als töricht erweist:*
28 *Unüberlegtes Handeln und Reden sind Sache eines unwürdigen Mannes.*
29 *Was dir aber hinterher keinen Schmerz bringt, das führe durch bis zum Ende.*
30 *Tue nichts, wovon du nichts verstehst, doch lasse dich belehren,*
31 *soviel als nötig; so wirst du das angenehmste Leben verbringen.*

Ist der Schüler von verführerischen und drohenden Fremdeinwirkungen nicht mehr zu beeinflussen, kann er sich selbstständig auf vor ihm liegende Aufgaben konzentrieren und erkennen, wann und wie er handeln muss. Die Verse 27 – 31 beschreiben das richtige Verhältnis zwischen Erkenntnis und Tat. Lässt sich jemand durch spontane Impulse seiner Wünsche und Leidenschaften oder seines Ehrgefühls zu Handlungen hinreißen, wird sich oft herausstellen, dass er nicht im Sinn seiner neuen Seelenverfassung gehandelt hat und nicht im Sinn des Wohls anderer Menschen.

Es kommt darauf an, dass dem Schüler die konkurrierenden Motive, die in ihm zum Handeln drängen, bewusst werden, und dass er dann jenem Motiv den Zuschlag gibt, das seiner neuen Seelenverfassung entspringt. Wenn der neuen Seelenverfassung durch eine Handlung kein Dienst geleistet wird, handelt er nicht. Zorn, Leidenschaft, Begierden und Trägheit sind gewiss keine Motive, die dem Schüler oder seinen Mitmenschen weiterhelfen. Vor allem ist eine Bewusstwerdung der Motive dringend erforderlich, wenn er für andere verantwortlich ist. Wie häufig sind schon ganze Völker ins Unglück gestürzt worden, weil ihre Führer nur ihrem Besitz-, Macht- und Geltungstrieb gefolgt sind!

Um so wichtiger ist es, dass der Handelnde etwas von seiner Sache versteht. Seine Beweggründe können durchaus der neuen Seelenverfassung entspringen und das Wohl anderer im Auge haben, und doch kann er den größten Schaden anrichten, weil er nur blind experimentiert. Jeder Lehrer wird wissen wollen, was er durch Lerninhalte und -methoden bewirken oder verderben kann, jeder Arzt und Therapeut möchte nur Methoden anwenden, die dem Patienten wirklich helfen und ihn nicht abhängig machen. Jeder Politiker wird die möglichen Folgen seiner Maßnahmen abschätzen. Umso mehr wird ein Schüler auf dem spirituellen Weg sein Verhalten in Gesellschaft, Beruf und Privatleben so einrichten, dass er durchschaut, was daraus entstehen kann. „Gesinnungsethik" und „Verantwortungsethik" sind keine Alternativen. Beides ist notwendig: Beweggründe, die aus der neuen Seelenverfassung folgen – Gesinnungsethik – und Bescheidwissen über richtige Methoden und ihre Wirkungen – Verantwortungsethik.

Und wo der Schüler trotz Überlegung nicht weiß, wie er sich verhalten soll, kann er sich „belehren lassen, soviel als nötig". Er kann sich Situationen und Zusammenhänge erklären lassen und zwar von jenen, die er sich als die Vortrefflichsten (Vers 5) zu Freunden gemacht hat.

Oberstes Leitprinzip für das Handeln ist immer, „was dir hinterher keinen Schmerz bringt". Darin ist auch enthalten, was anderen hinterher keinen Schmerz bringt. Denn auch das würde dem Schüler Schmerz bereiten. Er wünscht nicht, dass andere leiden, und schon gar nicht durch ihn. Keinen Schmerz bereiten wird aber immer nur ein Handeln, das sowohl der Gesinnung als auch der Verantwortung nach der an der geistigen Welt orientierten Seelenverfassung des Menschen entspricht.

Der Schüler wird sich für sich selbst und für andere so verhalten, dass seine und deren innerste Bestimmung gefördert wird. Tut er das, so werden Schmerzen für ihn selbst und für andere weitgehend vermieden.

Es wird dann auch vermieden, dass große Schmerzen entstehen, weil nicht gewagt wurde, notwendige kleine Schmerzen auf sich zu nehmen. Wer z.B. erkennt, dass eine bestimmte Gewohnheit – ein Rausch- oder Genussmittel etwa – mit großer Wahrscheinlichkeit später großen Schmerz verursachen wird, der wird nicht zögern, sich den kleinen Schmerz des Verzichts auf dieses Mittel zuzufügen. Ebenso wird ein Schüler, der erkennt, dass bestimmte Abhängigkeiten den Weg zur eigentlichen Seelenbestimmung behindern oder die Seele sogar zerstören, nicht zögern, diesen größten aller denkbaren Schmerzen zu vermeiden, in dem er den kleineren Schmerz der Auflösung solcher Abhängigkeiten auf sich nimmt und „entsagt". In diesem Verhalten wird er konsequent sein: Deshalb fordert ihn Vers 29 auf: „Das führe durch bis zum Ende!"

Dem Handlungsmaßstab „was hinterher keinen Schmerz bringt" entspricht die Aussicht, dass ein Schüler, der sich der Gesinnung und Verantwortung nach an der neuen Seelenverfassung orientiert, „das angenehmste Leben verbringen wird". Vers 31 lockt nicht mit Wohlleben, Bequemlichkeiten und Vergnügungen – was man sich unter dem „angenehmsten Leben“ ja auch vorstellen könnte. Das „angenehmste Leben“ ist vielmehr eines, das der neuen Seelenverfassung entspricht. Dann nämlich ist der Mensch im Einklang mit seinem wahren Selbst, und Depressionen und Unruhe, die auftreten müssen, wenn er dem Ruf seiner wahren Identität nicht folgt, können nicht entstehen. Erkenntnis der wahren Identität, des Einklangs mit den Gesetzen der geistigen Welt, und Streben nach Verwirklichung dieser Identität oder gar die Verwirklichung selbst – das ist höchste Zufriedenheit, Freiheit und Glück: das angenehmste Leben.

Als Nebenfolge werden im Leben eines solchen Menschen so manche kleineren und größeren Übel, Konflikte und Verstrickungen nicht mehr auftreten. Er wird nicht von Leidenschaft und Ehrgeiz zerfressen sein, nicht von Schuldgefühlen gequält werden, nicht unter Enttäuschungen abstumpfen. Er kann trotz aller Schwierigkeiten mutig und heiter bleiben. Auch das ist das „angenehmste Leben“.

So wird der Schüler seine Worte und Taten – auch Worte sind Taten, oft noch wirksamere als die mit Händen verrichteten – stets besonnen an der neuen Seelenverfassung orientieren, die sich in ihm zunächst als Ahnung, dann als immer deutlichere Bewusstwerdung seiner eigentlichen Identität bemerkbar macht. Und dadurch werden seine Worte und Taten diese

Seelenverfassung ermöglichen und fördern – bei ihm selbst und bei anderen.

Wie der Schüler in diesem Sinn sein Leben praktisch ordnet, das wird in den Versen 32 bis 39 beschrieben.

Lebenspraxis

32 *Auch die Gesundheit des Körpers darfst du nicht vernachlässigen:*
33 *Halte Maß im Trinken, Essen und Sport.*
34 *Maß nenne ich, was später keinen Schmerz bringt.*
35 *Gewöhne dich an eine reine Lebensweise ohne Überfluss*
36 *und hüte dich, etwas zu tun, was Neid erregt:*
37 *Treibe keinen Aufwand zur unrechten Zeit wie einer, der nicht weiß, was sich ziemt.*
38 *Doch sei auch nicht kleinlich: Maß ist in allem das Beste.*
39 *Tue, was dir keinen Nachteil bringt, und überlege vor der Tat.*

Ernährung und Bewegung

Zuerst wird in diesem Abschnitt der Goldenen Verse die Aufmerksamkeit des Schülers auf den Körper gelenkt. Der Körper ist ja das Instrument, mit dessen Hilfe er existiert und auf dessen Grundlage er seinen spirituellen Weg überhaupt nur gehen kann. Es ist deshalb sehr wichtig, dass dieses Instrument in bester Verfassung gehalten wird. Wie wird es in bester Verfassung gehalten? Durch geeignete Ernährung und Bewegung. Zahlreiche Krankheiten könnten verhindert werden, wenn sich die Menschen richtig ernährten und ihrem Körper genügend Bewegung gäben. Die richtige Ernährung weiß der Körper selbst – wenn er nicht schon, unter anderem durch falsche Ernährung, in seiner Sensibilität beeinträchtigt ist. Er signalisiert, was er braucht und was er nicht braucht, indem er auf eine Speise Appetit hat, auf eine andere nicht. Es kommt darauf an, dass der Schüler unterscheiden lernt, was nur scheinbare Bedürfnisse des Körpers – z.B. seelisch bedingte Genussbedürfnisse – und was echte Bedürfnisse sind.

Übertriebene Askese wird ebenso zu körperlichem Unwohlsein und Untüchtigkeit, ja psychischen Problemen führen wie zu viel und zu gutes Essen und Trinken. Jeder Mensch kann für seinen Körper das richtige Maß entdecken – es ist für jeden verschieden. Er kann es dadurch entdecken, dass er durch falsche Ernährung bedingtes Unwohlsein – das, was später

Schmerz bringt – erkennt. Nicht zuviel und nicht zuwenig.

Das gilt auch für die Bewegung, die der Körper braucht, den „Sport“. Auch in diesem Fall wird der Schüler durch eigene Erfahrung entdecken, was seinem Körper guttut, und er wird energisch Tendenzen und Gewohnheiten aus der Umwelt und aus seinem eigenen Wesen entgegensteuern, die den Körper zur Trägheit oder Überanstrengung verleiten.

Was für den Körper gilt, lässt sich ohne weiteres auf Gefühle und Gedanken übertragen. Auch sie brauchen die geeignete, maßvolle Ernährung und die geeignete, maßvolle Bewegung. Wenn Gefühle und Gedanken durch Musik, Kunst und Literatur nur schlechte Nahrung zu sich nehmen, werden sie krank und verkümmern. Sie brauchen „Speisen“ in Form von Gesprächen, guter Musik, Büchern, Spielen und vielem anderen – der Schüler wird sich auch hier an die „Vortrefflichsten“ halten. Alle Fähigkeiten und Eigenschaften des Schülers brauchen „Sport“, Bewegung und Betätigung. Darum muss er sich selbst intelligent die geeigneten Gelegenheiten suchen oder schaffen. Z. B. wird er sich einen Beruf oder eine Tätigkeit suchen, die ihn auf Dauer weder unterfordern noch überfordern. Unterfordern sie ihn, so wird er unzufrieden und unruhig werden, überfordern sie ihn, wird er seines Lebens nicht mehr froh werden. Auch hier ist immer das richtige, individuelle Maß zu finden, das, „was später keinen Schmerz bringt“.

Bei alledem wird aber das große Ziel des Schülers: Einklang seiner Seele mit den geistigen Gesetzen – die Hauptsache bleiben. Die Gesundheit des Körpers, der Lebens-, Gefühls- und Gedankenfunktionen sind Mittel zu diesem Ziel, nicht Selbstzweck. Würde sich der Schüler ausschließlich auf die Gesundheit des Körpers, auf richtige Ernährung und Bewegung als Vorbeugung gegen Krankheiten und auf die unzähligen Heilmethoden im Fall einer Krankheit konzentrieren, so würde er den Fluss der Kräfte, die aus der geistigen Welt zu seiner Seele strömen wollen, nur behindern. Er würde dadurch gerade die Möglichkeit behindern, dass von der Ordnung der geistigen und seelischen Welt her auch die Welt des Körpers geordnet und gestärkt wird. Diese Möglichkeit ist entscheidend.

Alle Gesundheit kommt von innen oder oben, nicht von außen oder unten. Die Vorstellung: Erst müssen mein Körper und seine Lebensfunktionen in Ordnung sein, dann können auch die spirituellen Funktionen wirksam werden, wäre ein Irrtum. Auch unter den größten körperlichen Behinderungen können die spirituellen Kräfte wirksam werden. Sie werden allmählich Gedanken, Gefühle, Lebensfunktionen und Körperbeschaffenheit ordnen, reinigen und neu beleben. Dieser Prozess kann und muss dann freilich auch, sekundär, durch Aufmerksamkeit auf die Bedürfnisse des Körpers unterstützt werden.

Sozialverhalten

Ebenso wie der Körper ist auch die Lebensweise des Schülers ein Mittel zum Zweck, das seinen Sinn und seine Gestalt vom großen Ziel der neuen Seelenverfassung her erhält. Die Lebensweise soll die Seelenentwicklung unterstützen, nicht sie behindern. Würde eine pedantische Lebensweise, bei der der Mensch sich ununterbrochen um Kleinigkeiten sorgt, diese Unterstützung gewährleisten? Wäre umgekehrt ein Leben im Luxus diesem Ziel förderlich? Der Schüler müsste ja ständig an seine vielen Güter und Reichtümer denken. Allein schon durch ihre Verwaltung wäre er immerfort abgelenkt, erst recht durch die Sorge, man könnte sie ihm nehmen. Deshalb wird der Schüler ein bescheidenes Leben führen, und wenn er Reichtümer besitzt, sie zum Wohl seiner Mitmenschen und nicht zum Erwerb noch größeren Reichtums und Macht einsetzen.

Vor allem weiß er auch, dass jede Extravaganz, ja schon jede Normalität Neid erregen kann und dass Neid Behinderungen von Seiten der Neider mit sich bringt. In der neuen Seelenverfassung ist er, wie er ist, er braucht sich nicht hervorzutun. Wenn er nicht schon, weil ihm Zurschaustellung gegen den Strich geht, jede Prachtentfaltung vermeidet, so vermeidet er sie bestimmt deshalb, um dem Neid seiner Mitmenschen und den damit einhergehenden Behinderungen möglichst wenig ausgesetzt zu sein.

Er möchte frei von Verstrickungen bleiben und verhält sich daher klug auch in seinen sozialen Beziehungen. Wo er ehrlich zu sich und seinen Handlungen stehen muss und Missgunst sich nicht vermeiden lässt, da wird er sie ertragen und trotzdem innerlich frei bleiben. Aber wo sie sich vermeiden lässt, da wird er klug handeln und „keinen Aufwand zur unrechten Zeit" betreiben.

Andererseits wird er nicht ängstlich seinen Vorteil zu wahren suchen. Wenn er um jeden Pfennig feilscht und kleinlich das Seine zurückbehält, werden seine zwischenmenschlichen Beziehungen jeder Großzügigkeit, Freiheit und Freude entbehren. Wo er aber von dem mitteilt, was er besitzt und auch anderen das Ihre gönnt, da öffnen sich Türen, da fließen Kräfte und da entwickeln sich Freundschaft und Freude. Das gilt im materiellen Bereich genauso wie im Gefühls- und Gedankenbereich, und diese Regel des Pythagoras ist sehr geeignet, freie Verhältnisse unter den Menschen aufzubauen: „Weder zuviel, noch zuwenig" gilt auch im Verhältnis zu den Mitmenschen.

Stand im Hinblick auf die Lebenspraxis zunächst der „Körper", d.h. die Individualität des Schülers im Vordergrund, so ist danach die Beziehung dieser Individualität zu anderen Menschen das Thema. Und wie beim „Körper" Maßhalten und Vermeidung der Extreme die besten Voraussetzungen für den spirituellen Weg schaffen, so auch im Verhältnis des Menschen zur sozialen Umwelt: Großspurigkeit erregt Neid und schafft Probleme, Kleinlichkeit behindert den Austausch sozialer Kräfte. Die Mitte, das Maß ist Großzügigkeit – je nach individuellem Vermögen –, und sie sorgt für freie, offene Beziehungen.

Und wie beim Körper der Schmerz anzeigt, dass das Maß verfehlt ist, so ist der „Nachteil" in den sozialen Beziehungen die schmerzliche Erfahrung, die den Betreffenden in seinem Verhalten korrigieren kann. Unter „Nachteil" für einen Schüler auf dem spirituellen Weg sind nicht finanzielle und Prestigeeinbußen zu verstehen, sondern Nachteile für seine innere Seelenverfassung. Solche Nachteile sind Verstrickungen in den sozialen Beziehungen, sei es, dass Neider dem Betreffenden Schwierigkeiten machen, sei es, dass wegen seiner Kleinlichkeit keine echte Freude und Sympathie aufkommen können.

Je lockerer der „Körper" ist, desto besser können die spirituellen Kräfte in der Seele wirken und desto besser kann der „Körper" den Schüler unterstützen. Je lockerer die zwischenmenschlichen Beziehungen sind, desto besser wirken die spirituellen Kräfte im Schüler und über ihn in die Welt. Deshalb wird der Schüler noch einmal aufgefordert: Überlege vor der Tat!

Betrachtung und Intuition

40 *Lass den Schlaf nicht zu deinen sanften Augen kommen,*
41 *ehe du jedes der Werke des Tages dreimal durchdacht hast:*
42 *"Worin habe ich gefehlt? Was habe ich getan? Was habe ich versäumt?"*
43 *Beginne beim ersten und gehe alles durch und dann:*
44 *hast du Schlechtes getan, so erschrecke, doch hast du Gutes getan, so freue dich.*

Die Goldenen Verse haben bis jetzt den Schüler des Pythagoras geführt: zu den vier Grundeigenschaften der neuen Seelenverfassung – Mäßigkeit, Tapferkeit, Weisheit, Gerechtigkeit –; zum Durchschauen der Realität des Diesseits und Jenseits; zum Stehvermögen im als richtig Erkannten, und zur selbstständigen, überlegten Gestaltung von Wort und Tat; schließlich zu einer intelligenten Gesamtlebensführung in bezug auf die eigene Existenz und die der Mitmenschen.

Die Verse 40 – 44 gehen noch einen Schritt weiter. Sie fordern den Schüler auf, Abstand zu sich zu nehmen und alles, was er im Sinn der bisherigen Verse getan hat und geworden ist, zu beobachten und zu bewerten. Wenn das Bisherige die Seelenschichten der Motive und des praxisbezogenen Denkens ansprach, so werden jetzt noch tiefere Seelenschichten miteinbezogen: die Fähigkeit zur allgemeinen Erkenntnis und Beurteilung konkreter Tatbestände, zu „Theorie" und Betrachtung, zu Meditation und Intuition, zu Konzentration und Selbstversenkung. Zu nichts anderem fordern die Verse 40 – 44 den Schüler auf. Es geht um die bewusste Mobilisierung dieser Tiefenschichten der Seele und um die innere Wahrnehmung ihrer Mitteilungen.

Die in den Versen geschilderte Übung zeigt sehr gut, was wahre Meditation sein sollte: eine konkrete Selbsterforschung des Menschen unter Leitung der spirituellen Schichten seiner Seele, und Einbringen der Ergebnisse dieser Selbsterforschung ins praktische Leben. Eine solche Selbsterforschung ist erst möglich, wenn das Leben schon in eine gewisse Ordnung gebracht ist, wenn also die neue Seelenstruktur sich in ihren Konturen schon abzeichnet und wirksam wird. Jede Meditation, die *vor* einem solchen Zustand durchgeführt wird, wird entweder das Chaos des ungeordneten Lebens ungehindert ins Bewusstsein schwappen lassen oder es verdrängen, wodurch der Schüler den falschen Eindruck gewinnt, er sei bereits erleuchtet. Deshalb wird diese Übung erst nach den vielen Handlungs- und Seinsvoraussetzungen angegeben, die die vorhergehenden Verse beschreiben. *Zuerst* das Leben ändern – dann hat Meditation ihren Sinn. Jeder kann die notwendigen Änderungen durchführen, ohne zuvor lange meditieren zu müssen.

Der Schüler soll vor dem Einschlafen alle Taten und Unterlassungen des Tages der Reihe nach vor seinem Bewusstsein Revue passieren lassen und sie ihrem Charakter nach erkennen und bewerten. Kurz vor dem Einschlafen ist er den Bewegungen und Reizen des äußeren Lebens und der Notwendigkeit, darauf reagieren zu müssen, entzogen. Es tritt Ruhe ein. In dieser Ruhe kann er der neuen Seelenstruktur Gelegenheit geben, sich vor seinem Bewusstsein zu entfalten. Er kann dann die Taten des vergangenen Tages vors Tribunal dieser spirituellen Seelenschichten stellen.

Der Maßstab, nach dem die Taten des Tages erkannt und bewertet werden, ist mithin die neue Seelenstruktur, die sich allmählich entfaltende neue Seelenverfassung selbst, die sich im Einklang mit den Gesetzen der geistigen Welt befindet. Der Maßstab sind Mäßigkeit, Tapferkeit, Weisheit, Gerechtigkeit, das Durchschauen der Realität von Diesseits und Jenseits, die Treue zum als richtig Erkannten, die selbstständige, überlegte Gestaltung von Taten und Worten und eine intelligent an der neuen Seelenverfassung orientierte Lebenspraxis. Vor diesen Hintergrund, der sich in ihm entwickelt hat und bis zu einem gewissen Grad wirksam geworden ist, stellt der Schüler die Taten des Tages. Und dieser Hintergrund wirft sein Licht auf sie und macht ihren Charakter offenbar, so wie eine Säure den Charakter eines in sie eingetauchten chemischen Stoffes aufzeigt, so wie die Zunge den Geschmack aller Speisen feststellt, mit denen sie in Berührung kommt: salzig, süß, bitter oder sauer.

Entweder stimmt eine Tat mit diesem Hintergrund und seinem Licht nicht überein: Sie kann unmäßig, feige, ungerecht, unbesonnen gewesen sein. Dann erkennt der Schüler, dass er „gefehlt" hat. Oder eine Tat stimmt mit diesem Licht überein: Der Schüler hat z.B. besonnen, seiner Zielsetzung treu oder im Sinn einer positiven Lebensführung gehandelt. Dann erkennt er, dass er etwas Richtiges vollbracht hat. Oder es wird ihm, während die Situationen des Tages vor seinem inneren Auge vorüberziehen, bewusst, dass er hier und dort mit Wort oder Tat hätte eingreifen müssen, es aber versäumt hat. Das innere Tribunal der neuen Seelenverfassung zeigt ihm, dass und wie er hätte handeln müssen.

Anhand dieser drei Kriterien untersucht der Schüler jedes Werk des Tages. Stimmte es mit den Anforderungen der neuen Seelenverfassung überein? Stimmte es nicht mit ihnen überein? Oder war er überhaupt zu unaufmerksam und zu schwach? Hat er in einer konkreten Situation seine Pflicht, die sich aus der neuen Seelenverfassung ergab, nicht erfüllt? Alle Werke geht er auf diese Weise nacheinander durch und betrachtet sie von allen Seiten im Licht der neuen Seelenstruktur und -kraft: sowohl die Taten, als auch die Worte. Denn gerade die Worte, ihre Inhalte und Folgen, entgehen nur allzu leicht der Aufmerksamkeit. Schnell ist etwas Verletzendes oder Törichtes dahingesagt, schwer ist es wieder zurückzunehmen.

Bei jeder Tat, oder Unterlassung, die dem Schüler im Licht der neuen Seelenstruktur und -kraft ihren Charakter zeigt, soll er dann, wie Vers 44 verlangt, „erschrecken" bzw. sich freuen. Er soll also seinen Willen zu Taten im Einklang mit der neuen Seele fördern, seinem Willen zu gegenteiligen Taten Widerstand leisten, ja ihn abschrecken, und Aufmerksamkeit und Willen zu Taten, die er bisher versäumt hatte, mobilisieren.

Da dies alles vor dem Einschlafen geschieht, werden Erkenntnisse und Willensimpulse mit in den Schlaf hinübergenommen und wirken, gerade weil im Schlaf das bewusste Handlungsleben aufhört, besonders intensiv weiter. Aber diese Übung des Schülers ist nicht auf die Zeit vor dem Einschlafen beschränkt. Hat er erst einmal erfahren, dass die Praxis, seine Werke und Taten vor das Licht des neuen Seelenhintergrundes zu stellen, ihn von alten Gewohnheiten befreit und neue Handlungsmuster, die der neuen Seelenverfassung entsprechen, herausbildet, wird sie ihm zu einem ständigen Bedürfnis werden. Er wird spontan den ganzen Tag über, auch im größten Trubel der Ereignisse, diesen Hintergrund seines Wesens wirken und sich von ihm korrigieren oder inspirieren lassen. So wird aus einer auf einen bestimmten Zeitraum begrenzten Übung eine von der Zeit nicht begrenzte Selbstverständlichkeit.

Konsequenz

45 *Darin mühe dich, darauf besinne dich, danach sehne dich:*
46 *dies wird dich auf die Spuren der göttlichen Tugend bringen.*

Alle Wesensteile des Schülers sind an der neuen Lebenspraxis und der Übung der Betrachtung beteiligt. Deshalb betont Vers 45: „Darin mühe dich, darauf besinne dich, danach sehne dich.“ Das ganze Handlungs- und Willensleben des Schülers sei auf die neue Lebensführung abgestimmt – darin mühe dich –, das ganze Gedankenleben richte sich darauf aus – darauf besinne dich –, und das ganze Gefühlsleben verbinde sich damit – danach sehne dich. Ein moderner Leser, an die Inflation von Worten gewöhnt, liest über einen solchen Vers hinweg und hält die drei Satzteile für überflüssige Wiederholungen, die durch ihre Häufung die Bedeutsamkeit des Vorhergehenden höchstens noch einmal unterstreichen. Aber in den Goldenen Versen, die die Struktur der geistigen Welt wiedergeben, hat jeder Satzteil seine Bedeutung und verlangt vom Schüler Aufmerksamkeit. Wollen, Denken und Empfinden werden gesondert zu Wachsamkeit und Beteiligung am spirituellen Weg aufgefordert. Der Schüler wird sorgfältig auf diese drei Seelenvermögen achten und dafür Sorge tragen, dass keines zu viel und zu wenig zur Geltung kommt. Alle drei werden einzeln für sich und gemeinsam harmonisch zusammenarbeiten.

Was bewirkt eine solche, von allen drei Seelenvermögen unterstützte Lebensführung, insbesondere die Praxis der Rückbesinnung? Wenn dem spirituellen Seelenhintergrund die Erkenntnis und Beurteilung der Taten und Motive des Schülers überlassen wird, wird der neuen Seele Spielraum zur Wirksamkeit gegeben. Sie wird denkend und bewertend aktiv. Und was tätig ist, wird durch die Tätigkeit verstärkt. Die neue Seelenverfassung wird stärker, dadurch bewusster, und nimmt wiederum an Kraft zu. Das ist die eine Seite. Auf der anderen Seite wird die im Dienst der neuen Seelenverfassung stehende Persönlichkeit des Schülers verändert. Ihre Fähigkeit, im Einklang mit der neuen Seelenstruktur zu denken, zu fühlen und zu handeln, wird bestärkt, ihre Tendenz, gegen diese Seelenstruktur zu handeln, geschwächt. Und es wird ein Bewusstsein für das, was nicht versäumt werden darf und getan werden muss, sowie der Mut und die Kraft, es zu tun, entwickelt.

Durch die Bestätigung und den Tadel aber, die der Schüler sich in bezug auf jedes Werk und jede Tat erteilt, lenkt er seine Energien in die richtige Richtung. Durch den Tadel blockiert er sie und zieht sie vom Schlechten ab, durch die Bestätigung mobilisiert er sie für das Gute. So werden Bewusstsein und Motivation der Persönlichkeit allmählich verändert und der neuen Seelenverfassung dienstbar gemacht.

Einerseits Stärkung der neuen Seelenverfassung, andererseits Abstimmung der Persönlichkeit darauf. Das sind die Spuren der „göttlichen Tugend“, auf die der Schüler durch sein Verhalten gelangt (Vers 46). Es sind keine rein moralischen Tugenden. Wenn ein solches Missverständnis noch bestanden hätte, würde es an dieser Stelle korrigiert werden. Der Schüler strebt nach den „göttlichen Tugenden“. Die moralischen Tugenden wären nur eine bestimmte Verfassung seiner irdischen Persönlichkeit, ihr von außen auferlegt. Die göttlichen Tugenden bedeuten aber, dass das wahre Wesen des Schülers, das die Persönlichkeit weit übersteigt, aus seinen Wesenstiefen, wo es unbewusst geschlummert hatte, zum Vorschein kommt, bewusst und wirksam wird. Seine innere Bestimmung, sein geistiges, göttliches Wesen, das eins mit der göttlichen Welt ist, entfaltet sich.

Es entfaltet sich, selbstständig wachsend, von innen, nicht von außen forciert. Aber es entfaltet sich nur, wenn die irdische Persönlichkeit dabei mitarbeitet, ihre diesem Prozess hinderlichen Eigenschaften hintanstellt und die ihm förderlichen Eigenschaften begünstigt. Insofern spielt auch die irdische Persönlichkeit eine unverzichtbare Rolle in diesem Prozess. Aber sie ist nicht Selbstzweck, und ihre moralischen Tugenden sind nicht Selbstzweck, sondern sie ist Mittel, das die Entfaltung der göttlichen Seele ermöglicht. Daher wird auch die Richtung, in der sich die Tugenden der irdischen Persönlichkeit und sie selbst entfalten, nur von der neuen Seelenverfassung her, niemals aus ihr selbst bestimmt werden können.

Der „Eid des Pythagoras“

47 *Nein, bei dem, der unserer Seele die Vierheit* (Tetraktys) *gegeben,*
48 *Quelle der ewigen Natur!*

Mit Vers 46 ist der erste Teil der Goldenen Verse abgeschlossen. Es geht darin um das Werden der neuen Seelenverfassung durch Selbst- und Welterkenntnis des Schülers auf dem spirituellen Weg und eine entsprechende Lebensführung. Der zweite Teil, ab Vers 48b, schildert die Folgen aus der neuen Seelenverfassung: eine vertiefte Selbst- und Welterkenntnis, die dem neu entstandenen Seelenbewusstsein entspringt, und eine neue Lebensführung, die unmittelbar aus der neuen Seelenstruktur und den neuen Seelenkräften hervorgeht. Im ersten Teil arbeitet primär die irdische Persönlichkeit des Schülers, aber die Richtung ihrer Tätigkeit wird durch die neue Seelenverfassung, obwohl diese noch nicht voll bewusst ist, vorgegeben. Im zweiten Teil übernimmt die neue Seelenverfassung bewusst die Führung im Leben des Schülers, und die irdische Persönlichkeit ist ihr dienendes Werkzeug. Eine totale Schwerpunktverlagerung also: Zuerst war die irdische Persönlichkeit führend und bereitete den Weg für die spirituelle Seele. Dann tritt die spirituelle Seele bewusst ins Dasein und ermöglicht dem Schüler die direkte Erfahrung der geistigen Welt, wodurch sich seine Persönlichkeit weiter verändert.

Diese Schwerpunktverlagerung wird durch den sogenannten „Eid des Pythagoras“ (Vers 47 – 48a) markiert. Anstelle des „Nein“, mit dem der Eid beginnt, steht in der hier zitierten Fassung der Goldenen Verse eigentlich ein „Wahrlich“. Aber ältere und zahlreichere Varianten des Eides haben das „Nein“. Denn das „Nein“ ist an dieser Stelle sehr angebracht. Bedeutet die „Machtübernahme“ der neuen Seelenverfassung nicht das große, endgültige Nein zur irdischen Welt und ihren Verstrickungen? Bezeichnet das Nein nicht den unwiderruflichen Abschied von einer Denkweise und Lebensführung, die durch die Gesetze des vergänglichen Diesseits und Jenseits bestimmt sind? Und ist nicht dieser Abschied nach der langen Vorbereitung des Schülers jetzt endgültig möglich? Das „Nein“ hat hier seinen guten Sinn. Es gibt der Entschlossenheit des Schülers Ausdruck, den Akzent seines Lebens von der gewöhnlichen Art zu denken und zu sein auf die neue, spirituelle Seele zu verlegen. Demgegenüber ist eine andere Erklärung des „Nein“, wie sie einige Autoren versucht haben, wenig wahrscheinlich: dass nämlich der Schüler damit Geheimhaltung, wie sie in früheren Mysterienschulen strenge Pflicht war, schwören sollte – ein Nein zum Verrat an den Mysterieninhalten.

Andererseits lässt sich auch das „Wahrlich“, durch das spätere Herausgeber das „Nein“ ersetzt haben, rechtfertigen. Denn Abschied vom Alten bedeutet gleichzeitig Zuwendung zum Neuen. Und ebendiese Zuwendung, den Entschluss des Schülers, von jetzt an ganz der neuen Seelenverfassung die Führung im Leben zu überlassen, würde das „Wahrlich“ bestätigen.

Wie auch immer: Abwendung und Zuwendung vollbringt der Schüler im Namen des Pythagoras, „der unserer Seele die Vierheit (Tetraktys) gegeben, Quelle der ewigen Natur“, somit auch im Namen dieser Vierheit selbst. Denn Pythagoras ist Repräsentant dieser Vierheit, dieses Ursprungs der ewigen Natur. Er ist in diesem Ursprung aufgegangen, ist eins mit ihm und lebt bewusst aus ihm. Er kann deshalb, als „Heros“, die Struktur und Kräfte dieses Ursprungs den Menschen bringen, die sich nach der Rückkehr dorthin sehnen. In ihm ist die geistige Welt verkörpert, der spirituelle Weg, der zu ihr führt, und die Struktur der Gemeinschaft der Schüler, die diesen Weg gehen. Diesen Prinzipien wendet sich der Schüler mit seinem ganzen Wesen zu, aus diesen Prinzipien, vermittelt durch Pythagoras, bezieht er auch die Kraft, sich von der alten Welt abzuwenden und den spirituellen Weg zu gehen. Sie sind die „Tetraktys“, die Vierheit, die Zahlenfolge 1 – 2 – 3 – 4, die die vier Zustände der Welt und des Menschen wiedergibt und gleichzeitig zeigt, wie sich ein Zustand aus dem anderen entwickelt.

Die Eins: im Kosmos – makrokosmisch gesehen – das ursprüngliche Vaterprinzip, das schöpferische „Wort", die Ordnung der spirituellen Welt; im Menschen – mikrokosmisch gesehen – das wahre Selbst, seine spirituelle Identität, der unsterbliche Geist in ihm. Die Zwei: makrokosmisch das ursprüngliche Mutterprinzip, „Leben", die wirkende Kraft der spirituellen Welt; mikrokosmisch die aus dem wahren Selbst des Menschen heraufwirkenden spirituellen Lebensenergien. Die Drei: makrokosmisch das ursprüngliche Sohnprinzip, „Licht", das Bewusstsein der spirituellen Welt, die „Weltseele"; mikrokosmisch das spirituelle Bewusstsein, die unsterbliche Seele des Menschen. Die Vier: makrokosmisch die ursprüngliche Erscheinungswelt, reiner Ausdruck von Vater, Mutter und Sohn, frei von Tod und Schmerz; mikrokosmisch die ursprüngliche Körperlichkeit, die aus Vater, Mutter und Sohn lebt und daher unsterblich ist.

Wer aus allen vier Prinzipien lebt, ist selbst zur Tetraktys geworden. Er ist 1 + 2 + 3 + 4 = 10, die Eins auf einer neuen Ebene. Dieses Ziel strebte der Mysterienschüler des Pythagoras an, es war in ihm angelegt und entfaltete sich auf dem Mysterienweg. An einem bestimmten Punkt des Mysterienweges legte er den „Eid des Pythagoras" ab. Er stimmte sich bewusst auf die Vierheit ab, er verankerte bewusst seine mikrokosmische Vierheit in der makrokosmischen Vierheit. Es war der Punkt des großen Umschwungs, des Übergangs vom Glaubenden zum Erkennenden, vom

Akusmatiker zum Mathematiker, vom Exoteriker zum Esoteriker, vom Abhängigen zum Selbstständigen. Die vorbereitende Phase blieb als Grundlage der neuen Phase erhalten, der Glaube blieb weiter Grundlage der Erkenntnis. Aber entscheidend war jetzt das selbstständige Leben aus der Tetraktys und der Abschied vom Leben aus der vergänglichen Natur.

Der unbedingte Entschluss zu dieser Neu-Geburt, der vom Schüler auf dem Mysterienweg nicht nur einmal, sondern immer von neuem gefasst werden musste – das war der doppelte Eid der Schüler des Pythagoras: Abschied vom Alten, Hinwendung zum Neuen, zur Tetraktys, in der Kraft und auf der Grundlage der Tetraktys.

Die Goldenen Verse – Zweiter Teil

Neue Erkenntnis

Der zweite Teil der Goldenen Verse markiert den Teil des spirituellen Weges, in dem der Schüler in der Kraft der Vierheit allmählich in die ewige Natur hineinwächst. Es werden ihm die bisher verborgenen Strukturen seines Mikrokosmos bewusst und dadurch auch die Strukturen des Makrokosmos: das Prinzip der 1,2,3 und 4.

Übereinstimmung von Einsicht und Handeln

48 *Nun schreite zur Tat*
49 *und bete zu den Göttern, sie zu vollenden. Wenn du diese Lehren beherrschst,*

Voraussetzung für die Bewusstwerdung des Verborgenen ist, dass der Schüler bis zu einem gewissen Grad die ihm vorher gegebenen Regeln und Lehren nicht nur versteht, sondern auch ausführt. Er muss zur Tat schreiten. Ein bloßes Verstehen würde ihn innerlich nicht verändern. Seine Persönlichkeit – sein Gedanken-, Empfindungs- und Willensleben – muss so verändert werden, dass sie in ihrer Struktur auf die Struktur der geistigen Welt einigermaßen abgestimmt ist. Nur dadurch kann sie zum Wahrnehmungsorgan für die geistige Welt werden. Und diese Veränderung ergibt sich dauerhaft nur, wenn auch das Handlungsleben den veränderten Gedanken, Empfindungen und Bestrebungen folgt. Nur dann wird das ganze Körpersystem verändert, nur dann besiegelt und bestärkt auch die Struktur des Körpers die der neu gewordenen Seele. Würde das Handlungsleben des Schülers nach seinen alten Gewohnheiten ablaufen, so bliebe eine Diskrepanz zwischen Seele und Körper bestehen, was die dauerhafte Veränderung der Seele unmöglich machen würde. Deshalb ist notwendig, dass der Schüler die ihm gegebenen Lebensregeln „beherrscht", dass sie ihm zur zweiten Natur werden und sein ganzes Leben in Denken, Fühlen, Wollen und Handeln bestimmen.

Auch ist einleuchtend, dass der Schüler all diese Veränderungen nicht aus eigener Kraft vollbringen kann. Es ist seine ständige Ausrichtung auf die geistige Welt notwendig, das „Gebet zu den Göttern". Nur wenn diese Ausrichtung bleibend erfolgt, strömen dem Schüler die Kräfte zu, die ihm das Verständnis und die Beherrschung der Lehren ermöglichen. Würde er eine Veränderung seines Wesens aus eigener Kraft versuchen, so würde er sich die gewünschten Eigenschaften nur andressieren. Das würde nicht vorhalten. Durch den Einsatz seines eigenen Willens würde er das alte sich selbst behauptende Wesen, das doch verändert, ja aufgelöst werden soll, nur noch stärken.

In dieser Ausrichtung auf die geistige Welt ist auch die richtige Richtung der Veränderung gewährleistet. Es ist dann die Struktur dieser Welt selbst, das wahre Selbst des Schülers, das diese Veränderung herbeiführt und somit eine neue Struktur des Gedanken-, Empfindungs-, Willens- und Handlungslebens aufbaut. Das wahre Selbst des Schülers baut sich in Gestalt der veränderten Persönlichkeit das Organ auf, durch das es sich selbst wahrnehmen und sich seiner selbst bewusst werden kann. Wären die ichbezogenen Zielsetzungen des Schülers die treibende Kraft hinter der Veränderung seiner Persönlichkeit, so käme es niemals zu einer Kongruenz zwischen Persönlichkeit und wahrem Selbst und daher auch niemals zu einer Wahrnehmung des wahren Selbst durch eine neu gewordene Persönlichkeit.

Neues Bewusstsein

50 *erkennst du die Essenz der unsterblichen Götter und sterblichen Menschen:*
51 *wie sie alles durchdringt und alles von ihr regiert wird.*

52 *Du wirst erkennen, wie es dir zusteht, dass die Natur in allem gleich ist,*
53 *so dass du nichts erhoffst, was man nicht hoffen kann, und nichts dir verborgen bleibt.*
54 *Du wirst erkennen, dass die Menschen selbstgewählte Leiden haben,*
55 *die Armen, die das Gute, das nahe ist, nicht sehen*
56 *und nicht hören; nur wenige wissen eine Befreiung aus diesen Übeln.*
57 *Dieses Schicksal schwächt ihren Sinn. Wie rollende Steine*
58 *werden sie hierhin und dorthin gestoßen, erleiden endloses Leid.*
59 *Denn ein verderblicher Begleiter, der Streit, schadet ihnen unbemerkt*
60 *und ist mit ihnen verwachsen. Diesen darf man nicht antreiben:*
man muss ihm weichen und entfliehen.
61 *Vater Zeus, wahrhaftig! Alle würdest du von vielen Übeln erlösen,*
62 *wenn du allen zeigtest, mit welchem Daimon sie leben!*

Wird die neue Persönlichkeit allmählich zum Organ für die geistige Welt, so erkennt der Schüler die geistige Welt und in ihrem Licht das wahre Wesen der Natur und des Menschen. Die Verse 50 – 62 beschreiben diese Erkenntnis. Sie ist vierfach, und eine folgt immer aus der anderen.

Die unsterblichen Götter

Zuerst zeigen sich dem neuen Bewusstsein des Schülers, aufsteigend aus seinem wahren Selbst, die Struktur und Essenz der geistigen Welt. Es wird ihm bewusst, dass die geistige Ordnung und die geistigen Kräfte des Seins den unsterblichen Göttern und den sterblichen Menschen gleicherweise zugrundeliegen. Die unsterblichen Götter sind ja nichts anderes als Aspekte dieser geistigen Ordnung und Kräfte selbst. Sie sind geboren aus Vater-Mutter: Geist und Energie, und aus dem Sohn: Bewusstsein. Der Geist durchzieht als schöpferische Intelligenz, die spirituelle Energie als belebendes Element das ganze All und drängen es zur Entwicklung von Bewusstsein.

Die selbe Ordnung, Kraft und Licht des Geistes liegen dem wahren Selbst zugrunde, das im irdischen Menschen verborgen liegt und auf Bewusstwerdung wartet. Wird es bewusst, so werden die Eigenschaften der schöpferischen Intelligenz des Geistes und die Strahlungen der Lebensenergie im Menschen wirksam. Er ist in sie eingebettet wie in die Strömungen eines Ozeans, nimmt sie wahr, da sie durch ihn hindurchziehen, und arbeitet bewusst mit ihnen mit. Er verwirklicht sukzessive die Eigenschaften Gottes, die Entfaltung der Kraftlinienstrukturen, die unaufhörlich aus dem göttlichen Urgrund heraufsteigen.

Er erkennt, dass sie, wie ihn selbst, auch alle anderen Dinge durchdringen und leiten. Sie stehen hinter der Entwicklung des Kosmos und aller Wesen und Elemente darin als deren Urformeln, als deren innere Gesetze. Und der Schüler verfälscht seine individuelle Kraftlinie nicht durch sein begrenztes kleines Ich, das nun vom unbegrenzten wahren Selbst aufgenommen wird und in ihm aufgeht. Diese göttliche Allintelligenz und Allenergie sind das erste, was sich dem Schüler in diesem Stadium der Bewusstwerdung zeigt.

Die Natur

Das zweite ist die Natur, das wahre Wesen der Natur. Die Natur ist das zur Form werdende Vater, Mutter und Sohn, das unaufhörlich werdende Resultat aus göttlicher Intelligenz, göttlicher Lebensenergie und Bewusstsein. Es sind die Kräfte und Formen der Erscheinungswelt. Mit seinem sinnesorganischen Bewusstsein nimmt der Mensch die ungeheure Vielfalt dieser Kräfte und Formen wahr und versucht sie zu ordnen. Er versucht, die immer gleichen Naturgesetze darin zu ergründen. In diesem wissenschaftlichen

Bemühen kommt schon die aus dem wahren Selbst stammende Ahnung zum Ausdruck, dass die Natur trotz ihrer ungeheuren Vielfalt tatsächlich in jedem einzelnen Ding und Phänomen sich gleich bleibt. Aber die Ergründung der Naturgesetze mit dem sinnengebundenen Verstand bleibt notgedrungen vorläufig und gelangt wegen der Unendlichkeit der Erscheinungswelt im Großen und im Kleinen niemals an ein Ende, weshalb immer neue Theorien zu ihrer Erklärung und Beschreibung aufgestellt werden.

Wird jedoch im Menschen das wahre Selbst bewusst, so erkennt er die äußere Natur als Ausdruck innerer, geistiger Gesetzmäßigkeiten und Kräfte, als Resultat der Wirksamkeit von Vater, Mutter und Sohn. Ihm werden wie Phythagoras die „Sphärenharmonien" bewusst, die geistigen Prinzipien und Kräfte, die sich in aller Natur ausdrücken und jedes Ding und Phänomen der Natur gestalten, sowie die zahlenmäßig ausdrückbaren Proportionen und Beziehungen zwischen ihnen: die Naturgesetze. Er erkennt, dass, da die immer gleichen geistigen Prinzipien und Kräfte in der Natur wirken, auch die Natur sich selbst immer gleich und in jedem ihrer Dinge und Wesen sich selbst gleich bleiben muss.

Aber er erkennt auch, dass die Natur als Ausdruck geistiger Prinzipien und Kräfte gegenwärtig gestört ist. Denn in der Natur wirkt, wie im Menschen, eine sich selbst behauptende Kraft. Es ist die Zwei, die sich von der Eins zu lösen trachtet. Sie behindert und verzerrt die Entfaltung der Kraftlinien des Geistes. Krankheit, Konflikt und Tod sind Folgen dieser Störung der ursprünglichen Gesetze. Sie können nur aufgehoben werden, wenn das Prinzip der Selbstbehauptung – das Prinzip des Streites – aufgehoben wird.

Erkennt der Schüler dies alles, so wird er nichts von der Natur verlangen, was sie nicht geben kann. Er weiß: Was ihm als aus der irdischen Natur Geborenem zusteht, wird ihm von der irdischen Natur auch geschenkt werden. Es hat keinen Sinn, Menschen und Dinge zwingen zu wollen, ihm Wünsche zu erfüllen, die sie nicht freiwillig erfüllen. Alle erzwungene Wunscherfüllung kann nicht von Dauer sein. Seine Gewohnheit, die Dinge manipulieren zu wollen, wird der Schüler, wenn sie nicht schon durch die Beachtung der vorhergehenden Lebensregeln aufgelöst ist, spätestens jetzt auflösen können: in der Einsicht, dass die irdische Natur in ihm selbst und in allen anderen Wesen unveränderlichen Gesetzen folgt und sich durch Eingriffe auf die Dauer nicht zwingen lässt. Die Einwilligung in diese Gesetzmäßigkeiten und die Erkenntnis, dass er schon bekommen wird, was ihm zusteht, bewirken großen Frieden in ihm.

Vor allem wird er einen großen Wunsch an die Natur als unberechtigt erkennen: den Wunsch, dass sie ihm Erfüllung seiner Sehnsucht nach der Welt des Geistes gewähre. Unzählige Konflikte und Enttäuschungen entstehen daraus, dass Menschen das Drängen des wahren Selbst in sich verspüren, jedoch versuchen, das Glück, das nur in der Einswerdung mit der unvergänglichen geistigen Welt zu finden ist, in der vergänglichen Natur zu verwirklichen. Sie versuchen, sich die Natur zu unterwerfen und ihrer großen Sehnsucht dienstbar zu machen. Daraus ergeben sich die Manipulationen gesellschaftlicher und biologischer Strukturen und die Eingriffe in den Naturhaushalt, die immer wieder zu zerstörerischen Rückwirkungen führen.

Die Natur widerstrebt in ihrer Eigengesetzlichkeit diesen Versuchen des Menschen. In ihr, als einem Gebiet vergänglicher Formen, können unvergängliche Werte nicht verwirklicht werden. Der Schüler wird ihre Eigengesetzlichkeit erkennen, ihr geben, was ihr zukommt, und nicht von ihr verlangen, dass sie ihm Erfüllung seiner Sehnsucht nach dem Geist gewährt. Diese Erfüllung erlebt er nur in der Welt des Geistes. Bedingung dafür ist, dass er seine Selbstbehauptung und Erwartungen an die Natur preisgibt. Erlebt er dann aber die Erfüllung in der Welt des Geistes, so wird er erfahren, dass auch die Natur ihm dient. Denn sie ist, sofern nicht ebenfalls von Selbstbehauptung durchdrungen, Ausdruck der Struktur und Kräfte der geistigen Welt.

Der irdische Mensch

Die dritte Erkenntnis des Schülers nach Bewusstwerdung des Wesens der geistigen Welt und der Natur ist Bewusstwerdung des Wesens des gegenwärtigen Menschen. Er erkennt vor dem Hintergrund der geistigen Welt und des wahren Selbst, dass die Situation dieses Menschen Leiden ist, und dass dieses Leiden vom Menschen selbst verursacht ist. Es ist die im Menschen wirkende Selbstbehauptung, die sich von der Eins lösende Zwei, der „Streit", durch den er sich seine Leiden selbst schafft. Die Selbstbehauptung ist ein mit dem Menschen verwachsener verderblicher Begleiter, der ihm schadet, ohne dass er es merkt. Sein ganzes irdisches Wesen ist von dieser Selbstbehauptung durchdrungen.

Sein Ich ist entstanden aus Selbstbehauptung gegen die geistige Welt und gegen das wahre Selbst. Es hat sich einen Gedanken-, Begierden-, Lebens- und Stoffkörper erbaut, die alle seiner Selbstbehauptung dienstbar sind. In Eigenwilligkeit sucht es Besitz, Größe und Macht, in Eigenwilligkeit strebt es nach Selbsterhaltung und Selbststeigerung – alle Energien, die es aus der göttlichen Welt und der Natur bezieht, werden dieser Selbsterhaltung und Selbststeigerung dienstbar gemacht. Dadurch werden sie zu Leidenschaften, Zorn, Lust und Trägheit, deren Kehrseite die Angst ist: Wenn sie durchkreuzt werden, entstehen Angst, Sorge und Enttäuschung.

Aus diesen Triebfedern gehen die vielen Übel hervor, denen der Mensch unterworfen ist: Krieg, Unterdrückung, Armut, Ungerechtigkeit, Krankheit, Alter und Tod. Das Ich ist sterblich, weil es sich von der Ewigkeit abgeschnitten hat. Aus Mangel an spiritueller Kraftzufuhr muss es über kurz oder lang an Schwäche oder Verhärtung zugrunde gehen. Und auch das Ich-Bewusstsein, das nichts anderes als die Identifikation des Menschen mit dem irdischen Ich und dessen Körpern ist, wird sich mit dem Tod des Ich auflösen.

Aus der Selbstbehauptung gegen die geistige Welt wird Selbstbehauptung gegen die Natur und andere sich selbst behauptende Wesen. Daher stehen sich die Menschen als Ichwesen feindlich gegenüber. Sie versuchen zwar, weil diese Feindschaft denn doch auf Dauer unerträglich ist, einander schiedlich friedlich zu begegnen. Aber damit ist der Grundzug des irdischen Wesens nicht angetastet: die Selbstbehauptung gegen Gott, Welt und Mitmensch.

Das irdische Bewusstsein sieht und hört nur die Dinge und Wesen, die ihm in ihrer Selbstbehauptung entsprechen. Dadurch, dass der Mensch sich gegen die geistige Welt stellt und von ihr abschließt, verliert er zwangsläufig auch das Bewusstsein für die geistige Welt. Er schneidet sich von seinem wahren Selbst ab, das nun latent und unbewusst in ihm „schläft“. Er kann das „Gute, das nahe ist“, sein wahres Selbst und die geistige Welt, die trotz allen „Streites“ in ihm sind, nicht mehr sehen und hören. Die Wahrnehmungsorgane für die geistige Welt sind ihm verlorengegangen.

Und diese ganze Situation ist ihm nicht einmal bewusst. Denn das von Selbstbehauptung durchdrungene Ich-Bewusstsein kann keine Distanz zu sich einlegen. Es hält die ihm gegebene Welt und die eigene Realität für die einzige Realität. Es ist dem Menschen auch nicht bewusst, welchen Schaden er sich durch diese Existenzform zufügt. Der „Streit" schadet ihm unbemerkt. Er kann durch das von Selbstbehauptung durchdrungene Ich-Bewusstsein die Situation der Selbstbehauptung und ihre Folgen nicht erkennen. Nur ein aus dem wahren Selbst wieder wachwerdendes neues Bewusstsein könnte es.

Erschwerend kommt hinzu, dass „dieses Schicksal ihren Sinn schwächt". Die vielen Übel, die aus dem „Streit" entstehen, zermürben den Menschen und machen ihn psychisch und mental krank. Auch sein Ich-Bewusstsein wird dadurch beeinträchtigt, auch sein irdisches Denken, Fühlen und Wollen werden getrübt, so dass er nicht einmal mehr seine irdischen Belange richtig ordnen kann. Um so mehr werden die Impulse aus dem wahren Selbst, die ihm seine wirkliche Lage zeigen wollen, erstickt. Und wenn die Folgen des „Streites" von einem Leben zum andern noch kumulieren, wenn das Schicksal übermächtig wird, wird ein solches unter der Last des Schicksals seufzendes Ich noch weniger fähig sein, seine irdischen Belange zu ordnen, geschweige denn den Impulsen aus dem wahren Selbst Gehör zu schenken. Ein wahrer Teufelskreis!

Jede Möglichkeit für den Menschen, frei aus der geistigen Welt, dem wahren Selbst heraus zu leben, wird so allmählich unterbunden. Nur dies aber wäre Freiheit für den Menschen: Sein wahres Wesen sich entfalten zu lassen. Dann würde er sich in Übereinstimmung mit sich selbst befinden. Nichts anderes ist Freiheit. Es kämen keine Korrekturen seiner Handlungen mehr auf ihn zu, da seine Handlungen im Einklang mit der geistigen Welt wären. Die Selbstbehauptung aber lässt ihn gegen die Gesetze der geistigen Welt handeln und ruft damit die Korrekturen dieser Handlungen hervor.

Diese Korrekturen sind das Schicksal. Sie engen seine Freiheit immer mehr ein, er verstrickt sich immer mehr in die Folgen seiner Handlungen und ist als Ich gezwungen, sich unaufhörlich gegen diese Folgen zu wehren. Sie kommen auch aus früheren Leben auf ihn zu, so dass er nicht weiß, weshalb sie kommen und die Wirkungen welcher von ihm selbst gelegten Ursachen sie sind. Wie ein rollender Stein wird er von den ihm undurchsichtigen Einflüssen aus seinem Unbewussten und seiner Umwelt hin und hergestoßen. Manchmal bildet er sich ein, er sei frei und könne als Ich frei sich selbst und seine Umwelt gestalten. Aber bald wird ihm klar, dass er nicht Herr über seine Motive ist, die ohne sein Zutun aus dem Unbewussten aufsteigen, und ebenso wenig Herr über die Umwelt, deren Wirkungen auf ihn er auf Dauer nicht bestimmen, ja nicht einmal mit Sicherheit vorhersehen kann.

Die Befreiung

Worin aber bestünde die Befreiung aus diesen Übeln? Nur wenige wissen sie (Vers 56). Die Einsicht in die Befreiungsmöglichkeit aus diesen Übeln ist die vierte Erkenntnis, die dem Schüler, dessen wahres Selbst ein neues Bewusstsein in ihm hervorbringt, zuteil wird. Er erlebt diese Möglichkeit ja selbst, und dadurch wird sie ihm bewusst.

Die Möglichkeit besteht darin, dass „Vater Zeus" allen zeigt, „mit welchem Daimon sie leben". „Vater Zeus" ist der höchste Gott, der schöpferische Geist selbst, die das ganze All durchziehende und seine Entwicklung vorantreibende Intelligenz. Das wahre Selbst des Menschen ist Teil dieser Intelligenz, ein Gedanke des Denkens des „Vaters". Erwacht dieses wahre Selbst, die geistige Welt, aus ihrer Latenz im Schüler, so wird er wieder mit dem Urgrund des Alls verbunden. Ein neues Bewusstsein, eine neue Intelligenz entsteht in ihm. Sie gehört zu dem Urgrund, von dem er sich als sich selbst behauptendes Ich abgeschnitten hatte, und macht ihm seine gegenwärtige Lage bewusst. Dieser Urgrund ist der archimedische Punkt, von dem aus ihm seine Selbstbehauptung und alle von ihr erzeugten Übel bewusst werden können. Der Daimon, mit dem er lebt, die mit ihm verwachsene Selbstbehauptung, der „Streit“, wird ihm bewusst: Vater Zeus zeigt ihm diesen Daimon.

Aus dieser Bewusstwerdung ergibt sich der spirituelle Weg, auf dem das wahre Selbst, die ihm entsprechende Seelenverfassung und das ihm entsprechende Leben immer wirksamer werden, in dem Maß, wie der Mensch aufhört, den Streit weiter „anzutreiben“, ihm weicht und ihm entflieht (Vers 60). Das geschieht durch Einsicht und durch allmähliche Auflösung der sich selbst behauptenden Tendenzen – durch das Verhalten, das der erste Teil der Goldenen Verse so deutlich beschreibt. Der Schüler hatte auf dem ersten Abschnitt des Weges dieses Verhalten und diese Einsichten von anderen übernommen, im Vertrauen darauf, dass dadurch seine neue Seelenverfassung wachsen würde. Nachdem sie aber gewachsen ist und neue Erkenntnisorgane in ihm entstanden sind, ist er in der Lage, selbstständig den spirituellen Weg in all seinen Facetten zu erkennen. Er kann ihn nun umso besser im eigenen Leben befestigen, ja seinerseits anderen Ratgeber und Helfer auf diesem Weg sein und ihnen die Regeln vermitteln.

Gewissheit

63 *Du aber sei guten Mutes, denn göttlich ist das Geschlecht der Sterblichen,*
64 *und die Natur, die das Heilige offenbart, zeigt ihnen alles.*
65 *Wenn dir davon etwas zuteil wird, wirst du das beherrschen, was ich dir verordne.*
66 *Du wirst deine Seele heilen und aus diesen Übeln retten.*

Deshalb kann er jetzt guten Mutes sein. Da er selbstständig den Weg erkennt, ja die Struktur der geistigen Welt erkennt, die den Weg ermöglicht und aus der der Weg folgt, wird er um so sicherer darauf fortschreiten können.

Im ersten Abschnitt des Weges war er auf seinen Glauben angewiesen, auf die innere Offenheit für diesen Weg, die Ahnung, dass dies wirklich seine Bestimmung sei, und das Vertrauen in die spirituellen Führer, die ihm Weg und Ziel erklärten. Jetzt ist aus dem Glauben Erkenntnis geworden. Der Schüler erfährt bewusst die vierfache Erkenntnis, die in den Versen 50 – 62 dargestellt wurde. Sie wird in den Versen 63 – 66 noch einmal beschrieben, jetzt aber als Grundlage für den Mut, der ihn in seinem neuen Entwicklungsstadium beseelt.

Der Mut und die Sicherheit sind gerechtfertigt. Denn im Menschen, im „Geschlecht der Sterblichen“, ist die göttliche Welt, das wahre Selbst angelegt, Grundlage und Ziel des Weges. Der Schüler erkennt sie. Grundlage und Ziel des Weges werden ihm zu einem festen Fundament und einem sicheren Leitstern.

Die ganze Natur wird ihm zum Helfer auf seinem Weg, mag sie ihm vorher auch immer wieder als Feind und großer Widersacher entgegengetreten sein. Jetzt erkennt er in der Natur das „Heilige“. Sie ist ihm Ausdruck und Gleichnis für die geistige Welt und weist auf diese hin. Wenn er sich an die Gesetze der Natur hält und nicht mehr von ihr erwartet, als sie geben kann, bildet sie den Boden für ihn, auf dem er seinem spirituellen Ziel entgegenstreben kann. Seine physische Umwelt und sein Körper sind sein Ausgangspunkt.

Ja sogar der „Streit“ in der Natur gereicht ihm in diesem Stadium zum Heil. Er verlockt ihn nicht mehr, sondern stößt ihn zurück und treibt ihn so dem Göttlichen in die Arme.

Die Natur wird ihm außerdem zum Ort, an dem er erproben und verwirklichen kann, was an neuen Kräften in ihm gewachsen ist. Göttliche Welt und Natur wirken jetzt zusammen. Sie helfen dem Schüler, „das zu beherrschen, was ich dir verordne“, nämlich die neue Seelenverfassung zu verwirklichen. Und so wird er die alte Seelenverfassung und die alten Übel hinter sich lassen und seine Seele heilen. Diese Gewissheit, auf Erfahrung und Erkenntnis beruhend, erzeugt den Mut in ihm, auch die letzten Hindernisse auf dem Weg noch zu überwinden.

Reinigung und Erlösung

67 *Aber halte dich fern von der Nahrung, die wir in den „Reinigungen"*
68 *und in der „Erlösung der Seele" genannt haben. Bedenke dies alles, wenn du wählst,*
69 *und stelle die beste Einsicht oben als Wagenlenkerin hin.*

Die Verse 67 – 69 sind eine Zusammenfassung des Bisherigen. Die „Reinigungen" und die „Erlösung der Seele" sind Schriften, die unter den Pythagoreern offenbar in Umlauf waren, aber verlorengegangen sind. Doch aus ihren Titeln lässt sich entnehmen, was sie enthalten haben mögen. Die erste, „Reinigungen", bezieht sich auf den Aufbau der neuen Seelenverfassung durch neue Lebensführung und Einsicht, den Abschnitt des Weges also, der im ersten Teil der Goldenen Verse beschrieben wird. Der Inhalt der „Reinigungen" kann sich nicht wesentlich davon unterschieden haben. Er wird nur mehr ins Einzelne gegangen sein.

Die Anspielung auf die „Reinigungen“ ruft somit dem Schüler noch einmal den ersten Teil der Goldenen Verse in Erinnerung und schärft ihm ein, sich schädlicher Nahrung zu enthalten. Damit ist zunächst die Nahrung für den Körper gemeint. Tierisches Fleisch hält den Körper in einer tierhaften Verfassung, die den Impulsen aus der geistigen Welt Widerstand entgegensetzt und damit der Reinigung und Läuterung des Schülers auf dem Weg hinderlich ist.

Aber unter dieser „Nahrung“ sind sicher auch die der Seelenentwicklung schädlichen Einflüsse aus der emotionalen und mentalen Welt zu verstehen: die schlechten Argumente aus Vers 21, die den Schüler, würde er sie assimilieren, aus dem inneren Gleichgewicht werfen würden, sowie die Worte, Taten und Beispiele schlechter Freunde, Musik, Bücher und Bilder, die statt Reinigung des Wesens nur eine weitere Verschmutzung verursachen.

Ebenso und erst recht gilt diese Enthaltung von schlechter Nahrung für den Abschnitt des Weges, auf dem dem Schüler sein wahres Selbst, die geistige Welt und der ihn begleitende „Daimon“, der Streit der Selbstbehauptung, bewusst werden, wodurch seine Seele aus den vielen Übeln der „selbstgewählten Leiden“ erlöst wird. Auf diesen zweiten Teil der Goldenen Verse muss sich die zitierte Schrift „Erlösung der Seele“ inhaltlich beziehen. Sie hat ihn wohl nur ausführlicher behandelt.

Wenn der Schüler die im ersten und zweiten Teil gegebenen Regeln und Erkenntnisse immer wieder durchdenkt und praktiziert, werden sie ihm zur zweiten Natur. Sie bilden allmählich den selbstverständlichen Hintergrund für seine Wahl zwischen dem Leben in der irdischen Welt und dem spirituellen Weg, der zur neuen Seelenverfassung und zur geistigen Welt führt. Denn er wählt nicht nur einmal, nicht nur in dem Augenblick, wo er formell vor der Alternative steht, den spirituellen Weg zu betreten oder nicht, sich der Mysterienschule des Pythagoras oder einer anderen anzuschließen oder nicht.

Der spirituelle Weg ist eine unaufhörliche Wahl. In jedem Augenblick wird der Schüler vor neue Situationen im Leben gestellt. In jedem Augenblick muss er zwischen dem irdischen und dem geistigen Leben wählen. Er kann sich nicht auf dem Lorbeer des einmal Erreichten ausruhen. Sobald er eine neue Stufe der inneren Entwicklung betreten, eine neue Erkenntnis errungen hat oder eine neue Kraft in ihm wirksam wird, treten bisher nicht erkannte Aspekte des alten Lebens aus seinem Innern oder aus der Umwelt vor sein Bewusstsein und fordern Beachtung. Diese Versuchungen entsprechen stets dem inneren Zustand, in dem sich der Schüler befindet, und sie werden nicht aufhören, solange er über seinen irdischen Körper mit der irdischen Welt und dem Schicksal verbunden ist.

Deshalb ist Wachsamkeit erforderlich und wird der Schüler aufgefordert, „die beste Einsicht oben als

Wagenlenkerin“ hinzustellen. Der „Wagen“ seiner Persönlichkeit mit all ihren Eigenschaften soll durch die beste Einsicht gelenkt werden. Was ist die beste Einsicht? Das sich dem Bewusstsein zeigende wahre Selbst und die dem Schüler bewusst werdende Kraft der geistigen Welt. Stellt der Schüler diese Erkenntnisse oben hin, so erhält er von da aus Einsicht in die Art der ihm begegnenden Situationen in Innen- und Außenwelt. Sie zeigen sich ihm vor dem Hintergrund der geistigen Welt, wie sie sind, unverzerrt durch Vorurteile und Erwartungen. Die beste Einsicht, das bewusste wahre Selbst, ist wie ein reiner Spiegel, wie ein klares Auge, das Farben und Formen ungetrübt und unverzerrt wahrnimmt.

Sieht aber ein der neuen Seelenverfassung entsprechendes Bewusstsein Außenwelt und Innenwelt so, wie sie sind, kann der Schüler auch entsprechend handeln. Er kann in jeder Situation so handeln, sprechen und sich verhalten, wie es die eigene Seelenentwicklung und die Entwicklung der Dinge und Menschen seiner Umgebung erfordern. Er wird aus eigener Erfahrung und Einsicht so handeln, sprechen und sich verhalten, wie es die Goldenen Verse in ihrer Gesamtheit beschreiben.

Spirituelle Erfüllung

70 *Wenn du den Körper verlässt, und in den freien Äther gelangst,*
71 *wirst du unsterblich sein:*
ein unsterblicher Gott, nicht mehr sterblich.

Die Folge wird der Zustand sein, von dem Vers 70 und 71 berichten. Durch sein neues Sprechen, Handeln und Sich-Verhalten, das aus der Struktur und Kraft der geistigen Welt möglich wird, löst der Schüler die Identifizierung mit seinem Ich allmählich auf, ja auch die Gebundenheit an seine Umwelt. Er wird frei vom „Körper“, wobei „Körper“ das ganze irdische Wesen des Schülers und seine Beziehungen zur irdischen Welt mit ihren beiden Aspekten des Diesseits und Jenseits bedeutet. Mit seinem bewusst und wirksam gewordenen wahren Selbst und seiner neuen Seele verlässt er den „sterblichen Körper“ und gelangt in den „freien Äther“, die Welt des Geistes. Mit seinem wahren Selbst, dem Geist in ihm, und seiner neuen Seele kann er in der Welt des Geistes bewusst leben und sich ausdrücken. Denn mit der neuen Seele sind auch ein neues Bewusstsein, Wahrnehmungsvermögen und Handlungsvermögen verbunden. Damit ist er unsterblich. Er gehört, bewusst geworden, als spiritueller Mensch zur geistigen Welt, zu Gott. Er ist selbst ein „unsterblicher Gott“ geworden.

Nicht das alte Ich, die sich selbst behauptenden Gedanken, Gefühle, Strebungen und Handlungen, werden zum Gott. Das alte Ich und seine Aktivitäten sind sterblich. Es wäre der größte Irrtum, wenn das Ich spirituellen Weg und Ziel auf sich beziehen und glauben würde, es selbst könnte göttliche Einsicht und Kraft gewinnen. Der spirituelle Weg besteht ja gerade darin, dass die Selbstbehauptung des Ich sich im wahren Wesen des Menschen auflöst. Das wahre Wesen ist der ganz Andere, der aus der geistigen Welt Lebende, in der es keine Selbstbehauptung und keinen Hochmut gibt. Das sterbliche Ich des Schülers ist auf dem spirituellen Weg „gestorben".

Deshalb wird zum Abschluss der Goldenen Verse so sehr betont, dass der Mensch am Ende des spirituellen Weges „nicht mehr sterblich" ist. Das sterbliche Ich wird auf dem spirituellen Weg entmachtet, es bestimmt Bewusstsein und Sein des Menschen nicht länger und löst sich im wahren Selbst auf. Stattdessen wird das unvergängliche wahre Selbst zur Lebensgrundlage des Menschen. Es bestimmt fortan Bewusstsein und Sein des Menschen und drückt sich darin aus. Vorher war der Mensch, als Ich, sterblich. Jetzt, als bewusst gewordenes wahres Selbst, ist er „nicht mehr sterblich".

Als bewusstes wahres Selbst ist er unsterblich, auch wenn er noch in einem physischen Körper lebt. Er hat den „Körper" schon verlassen, auch wenn dieser noch aktiv ist. Der Zustand, der in Vers 70 geschildert wird, ist für einen solchen Menschen nicht erst zu erwarten, wenn der physische Körper gestorben ist. Den Körper zu verlassen und in den freien „Äther" zu gelangen, ist nicht gleichbedeutend mit dem physischen Tod. Im physischen Tod trennt sich das wahre Selbst mit der neuen Seele und ihrem Leib nur endgültig vom physischen Körper und wird dadurch von den letzten Bindungen frei, die seiner Entfaltung noch im Wege standen.

Das bewusst gewordene wahre Selbst aber ist schon vor dem physischen Tod in der Lage, nach seinem eigenen Gesetz zu existieren. Das ist Freiheit. Es lebt in der geistigen Welt, der es entstammt, im „freien Äther". Es lebt in einer Umgebung, die seiner eigenen Freiheit entspricht. Es lebt im Einklang mit der Ordnung und Kraft der geistigen Welt, ist bewusst eins damit, und verherrlicht diese Ordnung und Kraft durch sein Leben. Es ist „auferstanden".

Damit schließt sich der Kreis der Goldenen Verse. Sie gingen von der Sphäre der unsterblichen Götter aus, aus der der Mensch als unsterbliches Wesen, das sich seiner selbst nicht bewusst war, hervortrat. Er kehrt in diese Sphäre zurück, als unsterbliches Wesen, das sich, nach dem langen Umweg durch die irdische Welt und viele Ich-Verkörperungen, auf dem spirituellen Weg seiner selbst und der göttlichen Welt bewusst geworden ist. Der „unsterbliche Gott" in ihm, der aus dem Denken Gottes hervorgegangene Gedanke Gottes, das unsterbliche Ebenbild Gottes, das wie tot war, ist wieder lebendig geworden.

Gemeinschaftsleben und Schicksal der Schule des Pythagoras

Freundschaft

Die Schüler des Pythagoras bildeten eine verschworene Gemeinschaft. Pythagoras übertrug ihnen die Einsichten und Regeln, die allmählich zum inneren Besitz jedes Schülers werden sollten. Darin bestand der spirituelle Weg, der bis zur Befreiung aus der Gefangenschaft in der irdischen Welt führte. Der Schüler war dabei nicht auf sich allein gestellt. Wäre er es gewesen – wie hätte sich der in ihm angelegte Keim der neuen Seelenverfassung entwickeln können? Wie hätte er den vielen ihn behindernden Einflüssen von innen und von außen widerstehen können? Die Gemeinschaft der Schüler und ihres Leiters aber bildete den Nährboden, auf dem der Keim des wahren Selbst wachsen und bewusst werden konnte, und den vorläufigen Halt, von dem aus der Schüler alle Ablenkungen als solche zu erkennen und abzuweisen vermochte.

Die Gemeinschaft der Pythagoreer wurde, wie die Berichte erkennen lassen, von zwei Kraftquellen gespeist: Erstens aus der geistigen Welt selbst. Denn Leiter und Schüler dieser Gemeinschaft hatten sich mehr oder weniger dem Geist geöffnet und nahmen seine Kräfte in sich auf. In diesem Sinn schreibt Jamblichos: „Da sie (die Philosophie des Pythagoras) anfangs aus Götterhand empfangen wurde, lässt sie sich nur mit Hilfe der Götter erfassen ... nur wenn ein Gott gnädig die Anleitung gibt, kann man wohl in schrittweiser Annäherung sich langsam ein Stücklein von ihr aneignen“ (J 1). Bildet eine ganze Gemeinschaft das Gefäß für diese Kräfte „aus Götterhand“, so können diese viel intensiver wirken, als wenn sie ein Einzelner allein empfinge. Und zumindest Pythagoras als Gründer der Gemeinschaft stand bewusst in Verbindung mit der geistigen Welt, deren Kräfte in ihn einströmten und bewusst von ihm weitergegeben wurden.

Zweitens aber war die Gemeinschaft der Pythagoreer ein Bund der „Vortrefflichsten“, ein Bund aller nach der neuen Seelenverfassung Strebender, die mehr oder weniger die gleichen Erfahrungen auf ihrem Weg machten. Sie sprachen miteinander über diese Erfahrungen, sie waren einander Vorbild und stützten sich auf diese Weise im Kampf gegen die ablenkenden Einflüsse von innen und außen. Die Kräfte des gemeinschaftlichen Strebens stärkten jeden Einzelnen.

Unverbrüchliche Freundschaft kennzeichnete den Bund der Pythagoreer. „Ursprung der Gerechtigkeit ist nun Gemeinschaft, gleiches Recht und eine Verbundenheit, in der alle wie ein einziger Leib und eine einzige Seele dasselbe empfinden“, schreibt Jamblichos (167). Und weiter: „In herrlicher Klarheit lehrte Pythagoras die Freundschaft aller mit allen: Freundschaft der Götter mit den Menschen durch Frömmigkeit und wissende Verehrung ... Freundschaft der Menschen untereinander ... Freundschaft aller mit allen und noch dazu mit manchen vernunftlosen Lebewesen durch Gerechtigkeit, durch das Bewusstsein der natürlichen Verflochtenheit und Solidarität ... Dass in all diesen Dingen der Name ‚Freundschaft' ein und derselbe ist und sie beherrschend zusammenfasst, hat – darüber ist man sich einig – Pythagoras entdeckt und festgelegt. Auch hat er seine Gefährten solche wunderbare Freundschaft gelehrt, dass noch heute das Volk über Menschen, die einander besonders wohlwollen, sagt, sie gehörten zu den Pythagoreern" (J 229 und 230).

Darum versuchten die Pythagoreer, gerade dem Streit, dem „verderblichen Begleiter der Menschen", in ihrer Gemeinschaft keine Chance zu geben. Sie „forderten einander auf, aus der wahren Freundschaft Kampf und Streitlust auszuschließen ..." (J 101). Denn „in Freundschaften ... muss es möglichst wenige Wunden und Schwären geben; dies lässt sich verwirklichen, wenn man versteht, nachzugeben und den Zorn zu zügeln" (J 231).

War es einmal notwendig, dass ältere Schüler jüngere zurechtwiesen, so geschah das nach Möglichkeit ohne Zorn, freundlich und sachlich. Man appellierte an die Einsicht der Betreffenden. „Die berichtigenden Zurechtweisungen, die sie ‚Umordnungen' nannten, sollten nach pythagoreischer Auffassung die Älteren an den Jüngeren sehr behutsam und mit guten Worten vollziehen" (J 231). „Umordnung" – ein schöner Begriff. Falsches Verhalten, eine falsche

Ordnung des Denkens, Fühlens, Wollens und Handelns, kann durch Einsicht und durch Vermittlung von Einsicht zu richtiger Ordnung geführt werden. Die innere Verfassung eines Menschen kann „umgeordnet“ werden.

Auch dürfe man, schreibt Jamblichos weiter, aus der Freundschaft nie – „weder zum Scherz noch im Ernst – das Vertrauen ausschließen. Kann doch die Freundschaft schwerlich gesund bleiben, hat sich einmal die Lüge in den Charakter derer eingeschlichen, die behaupten, sie seien Freunde“ (J 232). Und in den Goldenen Versen heißt es, man solle sich mit seinem Freund nicht wegen eines kleinen Vergehens entzweien, „solange du kannst“ (Vers 7 und 8). Diese Regel wird von Jamblichos noch erweitert: Man solle „die Freundschaft nicht um eines Unglücks oder sonst einer Zwangslage willen aufgeben, wie sie im Leben plötzlich eintreten.“ Der einzig zulässige Grund zum Aufkündigen der Freundschaft sei, dass der Charakter eines Freundes eine Freundschaft nach den pythagoreischen Prinzipien auf Dauer unmöglich mache (J 232).

Schillers Gedicht „Die Bürgschaft“, ein Hohelied der Freundschaft, geht auf eine Geschichte zurück, die man sich von zwei Pythagoreer-Freunden erzählte. Ein Pythagoreer wurde von einem Tyrannen zum Tod verurteilt, wollte aber vor der Hinrichtung noch eine auswärtige Pflicht erfüllen und stellte dem Tyrannen einen Freund als Bürgen der Rückkehr. Der

Freund vertraute darauf, dass der Verurteilte zurückkommen und die Todesstrafe an sich vollziehen lassen würde. Käme er nicht zurück, müsste der Bürge selbst an seiner Stelle büßen. Zahlreiche äußere Hindernisse stellen sich dem Rückkehrenden in den Weg – Sinnbilder für die inneren Versuchungen, sein Leben auf Kosten des Freundes zu retten. Aber er überwindet alle Hindernisse und kehrt rechtzeitig zurück.

Wenn ein Pythagoreer dem anderen ein Versprechen gab, zum Beispiel, er werde ihn an einem bestimmten Ort erwarten, so blieb er an diesem Ort, und hätte es ihn den ganzen Tag und die Nacht gekostet. So wichtig war es den Pythagoreern, niemals das Vertrauen eines Freundes zu enttäuschen. Kam einer der Freunde der Gemeinschaft in Vermögensschwierigkeiten oder körperliche Not durch Krankheit, so halfen die anderen tatkräftig.

All dies wäre nicht möglich gewesen, wenn bloße Sympathie oder gemeinsame Interessen das einigende Band der Gemeinschaft gewesen wären. Die unverbrüchliche Freundschaft der Pythagoreer beruhte auf einer spirituellen Grundlage, auf einer Verbundenheit im spirituellen Ziel und Streben. Wenn Menschen aus der Ordnung und den Kräften des *einen* Geistes leben, *ergibt* sich Einheit unter ihnen, während sich gemeinsame irdische Interessen und Sympathien doch immer wieder ändern können, worauf der eigene Vorteil die Oberhand über Konventionen und gute Vorsätze zu gewinnen pflegt.

Die „Gesundheit“ der Seele, die spirituelle Seelenverfassung war es also, die die Freundschaft der Pythagoreer begründete und gewährleistete. Deshalb grüßten sie einander nicht mit der sonst üblichen Formel: Es möge dir gut gehen, sondern mit den Worten: Sei gesund. Denn der Wunsch nach Gesundheit, so meinten sie, umfasse alles, was für den Menschen gut ist: spirituell, seelisch und körperlich. Symbol der Pythagoreer für diese umfassende Gesundheit war das Pentagramm. „Wie denn auch ihr ... Pentagramm, eins von den geheimen Zeichen, woran die Pythagoreer einander erkennen, in ihrer symbolischen Sprache ‚Gesundheit‘ genannt wird.“[27] Das Pentagramm ist Sinnbild für die fünffache neue Seelenverfassung. Von der Eins, vom Geist, geht sie aus. Diese Eins gestaltet die vier Aspekte der neuen Seelenordnung: Mäßigkeit, Tapferkeit, Besonnenheit, Gerechtigkeit. Das ist die fünfgliedrige Ganzheit der spirituellen Identität des Menschen – des nach Geist, Seele und Leib gesunden Menschen.

Schicksal der Gemeinschaft der Pythagoreer

Pythagoras hatte seine spirituelle Schule etwa im Jahr 530 v. Chr. In Kroton gegründet. Er hatte eine Anzahl von Männern und Frauen dieser Stadt als Schüler gewonnen – Jamblichos (254) spricht von 300 Anhängern – und mit ihnen 20 Jahre lang intensiv und ungestört gearbeitet. Ermöglicht wurde dieses Unternehmen, weil es Pythagoras gelungen war, den Senat der Stadt dafür zu gewinnen. Er scheint, wie erwähnt, ein eigenes Grundstück und Gebäude besessen zu haben, wo er seine Schüler unterrichtete und mit ihnen die Rituale vollzog, die die religiöse und spirituelle Grundlage seiner Lehre vergegenwärtigten.

Aber Pythagoras gab sich nicht damit zufrieden, eine spirituelle Schule aufzubauen. Er wollte auch, dass der Geist dieser Schule die Umgebung erfasste. Er wollte, dass die Spitzen des Staates und der Gesellschaft eine Politik betrieben und eine soziale Struktur begünstigten, die im Sinn der Bestimmung des Menschen waren. Nicht Besitz, Prestige und Macht des Gemeinwesens zu erhalten und zu vergrößern ist nach Pythagoras die Aufgabe einer politischen Gemeinschaft, sondern sich so zu organisieren, dass die Menschen ihrer Bestimmung genügen und sich nach dem in ihnen angelegten geistigen Prinzip entwickeln können – sei es, dass sie direkt einen spirituellen Weg gehen, sei es, dass sie ein Leben führen, das ihn vorbereitet und jedenfalls nicht erschwert. Pythagoras, der diese Auffassung aus der Tradition des alten Ägypten übernommen hatte, versuchte, sie mit Hilfe des Senats von Kroton zu verwirklichen. Eine aristokratische Staatsverfassung, die Herrschaft der Besten, schien diesem Ziel am ehesten zu entsprechen.

Die Besten, die Vortrefflichsten: das waren eben jene Menschen, die eine neue Seelenverfassung entwickelt hatten. Mäßigkeit, Tapferkeit, Weisheit und Gerechtigkeit sollte sie auszeichnen. Und gewiss werden Menschen mit diesen Eigenschaften, die Herr über ihre Leidenschaften und Interessen geworden und am spirituellen Wohl der Gemeinschaft orientiert sind, den Bedürfnissen der Gemeinschaft wirklich am besten dienen.

Jamblichos berichtet denn auch, dass aus den Pythagoreern bedeutende Staatsmänner hervorgingen und dass sie tatsächlich im Ruf standen, die Staatsgeschäfte sachlich und zum Wohl der Gemeinschaft zu führen (J 172 und 173). Vor allem Pythagoras selbst genoss bedeutendes Ansehen in politischen Fragen. Man zog ihn bei brisanten Situationen zu Rate. Der Historiker Diodor[28] berichtet zum Beispiel vom Krieg Krotons gegen Sybaris. Der Volksführer Telys in Sybaris überredete die Sybariten, fünfhundert der reichsten Bürger zu verbannen und ihr Vermögen einzuziehen. Die Verbannten begaben sich nach Kroton und suchten dort an den Altären Schutz. Darauf schickte Telys Gesandte nach Kroton und verlangte die Auslieferung der Exilanten. Andernfalls würde es Krieg geben. Anfangs neigten Senat und Volk aus Furcht vor dem Krieg dazu, die Verbannten auszuliefern. Man bat in dieser schwierigen Lage auch Pythagoras um Rat. Er plädierte dafür, den Verbannten Schutz zu gewähren. Wie hat er wohl argumentiert? Vielleicht so: Man müsse für die Gerechtigkeit eintreten, auch wenn das Nachteile mit sich bringen könnte. Wohin würde es führen, wenn man immer nur nach dem eigenen Vorteil schielen wollte! Auch die Tugend der Tapferkeit sei in dieser Lage am Platz. Trotzdem brauche man nicht tollkühn und überstürzt zu handeln. Weisheit sei in einer solchen Situation der beste Ratgeber.

Demgemäß schickten auf Vorschlag des Pythagoras die Krotoniaten im Versuch, den Krieg abzuwenden, eine Gesandtschaft nach Sybaris zu Verhandlungen. Die 30 Männer dieser Gesandtschaft wurden bei ihrer Ankunft in Sybaris ermordet. Jetzt zogen die Krotoniaten gegen Sybaris zu Felde, siegten gegen eine Übermacht und machten im Siegesrausch die Stadt dem Erdboden gleich. Offenbar konnten sich im Augenblick des Triumphes der mäßigende Einfluss des Pythagoras und die Tugend der Mäßigkeit nicht mehr durchsetzen.

Die Krotoniaten verteilten das eroberte Land unter sich, und zwar entsprechend den Verdiensten der Kämpfer im Krieg. Auch dieses Verfahren war offenbar auf Veranlassung des Pythagoras gewählt worden. Das Volk dagegen hatte eine Verlosung des neuen

Landes gewünscht. Dass dies nicht geschah, war, nach Jamblichos, der Anlass für einen Aufstand der demokratischen Partei in Kroton gegen die aristokratische Führung.

Damit nahm die erste große Verfolgung der Pythagoreer in Unteritalien ihren Anfang. Sie ist etwa ab 510 zu datieren.

Erste Verfolgung

Schon lange hatten sich Unzufriedenheit und Hass des Volkes gegen die führenden Persönlichkeiten im Staat – und die mit ihnen verbundenen Pythagoreer – angestaut. Wie damals überall in Griechenland spitzten sich auch in Kroton Ende des sechsten Jahrhunderts die Gegensätze zwischen den Parteien zu. Pythagoras war es nach seiner Ankunft im Jahr 530 gelungen, die Bürger Krotons davon zu überzeugen, dass die aristokratische Verfassung im Hinblick auf die spirituelle Entwicklung des Menschen der demokratischen vorzuziehen sei. Für ihn hatten die Demokratien in den anderen griechischen Staaten, die stets in Tyrannei gemündet waren, den Beweis erbracht, dass die Staatsform der Demokratie unter den damaligen Voraussetzungen zwar die Interessen der Mehrheit, nicht jedoch das Gemeinwohl beförderte.

Jetzt aber brachte in Kroton die Enttäuschung des Volkes über die aus seiner Sicht ungerechte Verteilung des sybaritischen Landes das Fass zum Überlaufen. Die bessere Einsicht konnte keine Kraft mehr bewirken. Vielleicht auch hatten die Aristokraten doch nach ihren eigenen Interessen gehandelt und waren nicht die Vortrefflichsten gewesen – jedenfalls brach sich der Hass der politisch Unzufriedenen Bahn – gegen die Pythagoreer, die als Verursacher der „ungerechten“ Landverteilung angesehen wurden.

Hinzu kamen persönliche Animositäten. Es war vielen Bürgern Krotons schon lange ein Dorn im Auge, dass sich die Pythagoreer den gewöhnlichen Lebenszielen versagten und nach einer Entwicklung strebten, die die Menschen in ihrer Mehrzahl nicht oder noch nicht wollten. Man warf ihnen elitäres Verhalten vor. „Solches ärgerte, wie gesagt, die Allgemeinheit in dem Maß, als man erkannte, dass die gemeinsam Erzogenen sich in ihrem eigenen Kreis abschlossen. Vor allem erboste es die Verwandten der Pythagoreer, dass sie sich nur untereinander die Hand reichten, sonst aber keinem Angehörigen außer den Eltern, und weiter, dass sie untereinander Gütergemeinschaft hatten, die Verwandten aber nicht beteiligten“, schreibt Jamblichos (J 257). Überdies war ein vornehmer Krotoniate, ein gewisser Kylon, der um Aufnahme in die Gemeinschaft der Pythagoreer nachgesucht hatte, von Pythagoras wegen mangelnder Voraussetzungen abgewiesen worden und hatte im

Lauf der Jahre in Kroton den Widerstand und Hass gegen die Pythagoreer geschürt.

Politische und persönliche Gründe wirkten also zusammen. Im Senat kam es 510 zunächst zu Vorstößen für eine demokratischere Verfassung, denen unter anderem die dem Senat angehörenden Pythagoreer mit wenigen Ausnahmen opponierten. Aber die „Fürsprecher der Menge“ (J 257) setzten sich durch. Nach der Billigung der neuen Verfassung im Senat musste diese noch der Volksversammlung vorgelegt werden. Dort trat zunächst Kylon auf, danach ein Redner namens Ninon, der in einer von Unwahrheiten durchsetzten Hetzrede das Volk gegen die Pythagoreer aufwiegelte. „Er gab vor, die Geheimnisse der Pythagoreer erforscht zu haben. Er hatte sich ausgedacht und aufgezeichnet, womit er sie am meisten anschwärzen konnte“ (J 258). „Er stellte ihre Philosophie als eine Verschwörung gegen die Massen dar.“ Zum Beispiel „behaupteten sie, es sei besser, einen Tag lang ein Stier zu sein, als sein Leben lang ein Rindvieh“, oder „sie lobten, was bei anderen gesetzlich ist, verlangten aber, man solle (ihre) einsamen Beschlüsse durchführen“ (J 260). Mit dieser Rede versetzte Ninon die Bürger in solche Erregung, dass „wenige Tage später, als die Pythagoreer in einem Haus in der Nähe des Pythion Musenopfer darbrachten, die Menge sich dicht zusammenscharte und Miene machte, sich auf sie zu stürzen. Sie aber waren vorher aufmerksam geworden und flüchteten zum

Teil in eine Herberge“ (J 261). Andere setzten sich in benachbarte Städte ab. Das Ganze endete damit, dass die Bürger die Verfassung tatsächlich änderten und Beschlüsse fassten, die den Pythagoreern das Leben in Kroton zunächst unmöglich machten.

Pythagoras selbst hatte schon kurz vor diesen Ereignissen die Stadt verlassen. Die antipythagoreische Stimmung unter den Bürgern scheint ihm unerträglich geworden zu sein. „... so gewaltig und maßlos war der Fanatismus des Kylon und seiner Parteigänger, dass er sich bis auf die allerletzten Pythagoreer erstreckte. Pythagoras zog aus diesem Grund hinweg nach Metapont, dort soll er auch gestorben sein“ (J 249).

Porphyrios berichtet weitere Einzelheiten. Pythagoras habe sich mit einigen seiner Freunde „zunächst in den Hafen von Kaulonia (gerettet) und von da weiter nach Lokri“ (P 56). Die Einwohner von Lokri aber waren nicht bereit, Pythagoras bei sich aufzunehmen. Sie fürchteten den Kontrast, den allein schon die Denk- und Lebensweise dieses Mannes zu ihrem öffentlichen und privaten Leben bilden würde. Sie fürchteten die sich daraus ergebende, auch unausgesprochene Aufforderung, ihre Institutionen und ihr Privatleben zu ändern. Lieber beharrten sie im Gewohnten, als dass sie sich der Aufgabe stellten, einen Staat und ein Leben aufzubauen, die der Bestimmung des Menschen, den eigentlichen Möglichkeiten des Menschen, entsprachen. Der Bericht des Porphyrios fährt fort, dass die Lokrer daher zu Pythagoras gesagt hätten: „O Pythagoras, wir wissen, dass du ein großer und weiser Mann bist, aber an unseren Landesgesetzen ist nichts, was zu tadeln wäre, daher wir beim Alten bleiben wollen. Du aber gehe an uns vorbei, und was du sonst etwa nötig hast, das steht zu deinen Diensten." Und Pythagoras verließ das Land wieder und begab sich nach Tarent.

Die Quellen über sein weiteres Schicksal sind widersprüchlich. Nach Varro[29] lebte Pythagoras weitere 16 Jahre in Tarent, zurückgezogen, ohne eine neue Schule aufzubauen. Er habe sich unter anderem mit geografischen Studien und der Herstellung von Länderkarten beschäftigt. Wieder aus politischen Gründen mussten Pythagoras und die Pythagoreer nach einiger Zeit die Stadt verlassen und begaben sich nach Metapont, zwischen Sybaris und Tarent gelegen. Dort starb er, vielleicht im Jahr 474, in hohem Alter. „Die Einwohner Metaponts", schreibt Diogenes Laërtios, „bewahrten sein Andenken auch nachmals in Ehren, machten sein Haus zu einem Tempel der Demeter, und die Gasse, an der es stand, zum Museum" (DL 15).

Rückberufung und zweite Verfolgung

Einige Zeit nach der Vertreibung, etwa um das Jahr 500, riefen die Krotoniaten die verbannten Pythagoreer wieder zurück. Zwar fuhren die Kyloneer fort, „die Pythagoreer anzufeinden und ihnen auf alle Art das Leben schwer zu machen. Dennoch behielt die Vortrefflichkeit der Pythagoreer und der Wille der Stadtstaaten selbst einige Zeit die Oberhand. Man wollte das Gemeinwesen von Pythagoreern verwaltet sehen. Die Bürgerschaft hatte völlig den Sinn geändert: Man hielt nicht nur Lobreden auf die Pythagoreer, sondern man glaubte auch, den Musen werde das Fest willkommen sein, wenn man das öffentliche Opfer im Musenheiligtum darbrächte, das man ja auf Rat gerade dieser Männer einst den Göttinnen zu Ehren errichtet hatte“ (J 264).

Auch nach dem Tod des Pythagoras hatten die Pythagoreer in Kroton und mehreren anderen mit Kroton verbündeten süditalischen Städten offenbar weiterhin großen Einfluss und lenkten die Geschicke dieser Staaten in führenden Stellungen.

Ein neuerlicher Umschwung aber erfolgte um das Jahr 450. Fast überall sonst in Griechenland hatten sich unter Führung Athens und des Achaiischen Städtebundes demokratische Verfassungen durchgesetzt. Es kam nun auch in Großgriechenland, den süditalischen Städten, zu Unruhen und Aufruhr aller Art. Polybios berichtet, dass die „Versammlungshäuser der Pythagoreer niedergebrannt wurden und ein völliger Umsturz vor sich ging, wie es nicht anders zu erwarten war, da die ersten Männer in jeder Stadt so unerwartet getötet worden waren.“[30] Und bei Jamblichos heißt es, konkreter auf Kroton bezogen: „Schließlich gingen sie (die Gegner der Pythagoreer) jedoch in der Verfolgung so weit, dass sie, als die Pythagoreer zu Kroton in Milons Haus beisammen saßen und politische Fragen berieten, das Haus anzündeten. Alle fanden den Flammentod, bis auf zwei: Archippos und Lysis. Sie waren die Jüngsten und Kräftigsten und konnten sich irgendwie ins Freie durchschlagen" (J 251).

Nach diesen Ereignissen, etwa auf 450 v. Chr. datierbar, „hörten die Pythagoreer auf, sich mit Politik zu beschäftigen ... einmal, weil die Bürgerschaften sich so gleichgültig zeigten und diesem großen Unglück keinerlei Beachtung schenkten, zum anderen, weil die Pythagoreer die fähigsten Führerpersönlichkeiten verloren hatten ..." (J 250). Die in den Verfolgungen übrig gebliebenen Pythagoreer verließen Italien, außer Tarent. Damit hörten sie auf, direkten politischen Einfluss auszuüben, außer in Tarent.

Weiteres Schicksal

Wie war ihr weiteres Schicksal? Van der Waerden hat aus den Quellen bis zum Jahr 360 v. Chr. fünf Generationen von Pythagoreern rekonstruiert.[31] Die erste Generation war die der Schüler um Pythagoras selbst, zwischen 530 und 500 in Unteritalien. Die zweite

Generation stand unter der Führung besonders fähiger Schüler des Pythagoras, unter anderem auch seiner eigenen Söhne. Die dritte Generation lebte etwa zwischen 480 und 430. In diesen Jahrzehnten verließen die Pythagoreer Unteritalien, mit Ausnahme Tarents, und zerstreuten sich überall in Griechenland.

Zwischen 440 und 400 lebte eine vierte Generation. „Im Dialog *Phaidon* von Platon, der im Jahr 399 spielt, treten zwei Pythagoreer, Simmias und Kebes, auf, die beide in Theben (bei dem Pythagoreer) Philolaos gehört hatten“.[32] Herausragende Persönlichkeit der fünften Generation war Archytas von Tarent, ein Freund Platons. Von ihm erhielt Platon seine Informationen über die pythagoreischen Lehren, die er in mehreren Dialogen verarbeitete.

Innere Probleme

Eine spirituelle Gemeinschaft wie die Pythagoreer muss damit rechnen, von Außenstehenden verfolgt zu werden. Zwar hatte Pythagoras versucht, diese Außenstehenden für sich zu gewinnen. Ja es war ihm sogar gelungen, in Kroton eine politische Verfassung zu veranlassen, die der Arbeit seiner Schule günstig war, und Einfluss auf politische Entscheidungen zu nehmen. Aber wie sich zeigte, waren politische und soziale Interessen sowie persönliche Ressentiments und Unverständnis in der Bevölkerung auf die Dauer stärker als die Kräfte jener Menschen, die sich und das Staatswesen direkt oder indirekt an der „Harmonie des Kosmos“ orientieren wollten.

Viel bedrohlicher für den Bestand einer spirituellen Gemeinschaft sind jedoch immer innere Probleme. Nachdem Pythagoras Kroton verlassen hatte, und erst recht nach seinem Tod, musste sich erweisen, ob seine Schüler – oder ein Teil von ihnen – so weit herangereift waren, dass sie selbstständig und bewusst aus den „Sphärenharmonien“ leben und ihre Gemeinschaft entsprechend gestalten konnten. Schon in der zweiten Schülergeneration nach Pythagoras wurde klar, dass ein großer Teil diese innere Reife nicht besaß. Das zeigte sich zunächst an einer besonderen Form der Uneinigkeit, die sich unter den Schülern entwickelte: an der Auseinandersetzung zwischen Mathematikern und Akusmatikern.

Die Mathematiker, die „Lernenden“ und selbstständig Erkennenden, blickten auf die Akusmatiker herab, die nur unselbstständig an die vom Meister gegebenen Regeln glaubten und sie befolgten. Die Akusmatiker dagegen taten sich auf ihren Glauben an die Akusmata und an die Autorität des Meisters etwas zugute und verstanden die Freiheit des Denkens nicht, die sich die Mathematiker nahmen. Im Sinn des Meisters entbehrten beide Einstellungen einer zureichenden Grundlage. Der spirituelle Weg beginnt mit dem Hören und einer auf das Hören spiritueller Regeln abgestimmten Lebenspraxis. Ist dann die Seelenverfassung durch dieses Verhalten auf die „kosmischen Harmonien“ abgestimmt, erwächst aus ihr ein bewusstes Erkennen der spirituellen Gesetzmäßigkeiten, worauf schließlich ein auf diese Gesetzmäßigkeiten abgestimmtes Handeln folgen kann.

Der Glaube ist also Wurzel und Voraussetzung für das Erkennen, das Erkennen und Handeln aber Frucht und Blüte des Glaubens. Bleibt der Glaube nicht lebendig, auch in der späteren Phase des Weges, werden Erkennen und Handeln spekulativ und intellektuell. Vielleicht wandten sich viele Akusmatiker tatsächlich gegen ein solches spekulatives Erkennen der Mathematiker. Geht der Schüler aber aus der Glaubensphase nicht zur Erkenntnisphase über, bleibt er in Unselbstständigkeit und Autoritätshörigkeit befangen. Insofern war wohl auch die Kritik der Mathematiker an manchen Akusmatikern berechtigt.

Die Einheit zwischen beiden Gruppen, wie sie unter der Leitung des Meisters gegeben war, hätte weiterbestehen können, wenn sich beide darüber im klaren gewesen wären, dass es sich um notwendige und sich ergänzende Aspekte auf dem spirituellen Weg handelte. Ohne Glauben und darauf abgestimmte Lebenspraxis kein verlässliches Erkennen. Ohne selbstständiges Erkennen aber bleibt die Entwicklung des Schülers in Autoritätshörigkeit stecken.

Eine zweite Form der Uneinigkeit in der Schülergeneration nach Pythagoras entwickelte sich daraus, dass einzelne Mathematiker tatsächlich Erkenntniswege und dann auch Lebenswege einschlugen, die der auf die „Sphärenharmonien“ abgestimmten Seelenverfassung nicht entsprachen. Ein Beispiel ist Hippasos. Er gehörte zu den Sprechern im Senat Krotons, die im Jahr 510 Partei für das Volk und gegen die aristokratische Verfassung ergriffen. Das musste den Pythagoreern als glatter Verrat erscheinen. Sie hielten, wie Pythagoras selbst, die Aristokratie für die Staatsordnung, die der Bestimmung des Menschen am gemäßesten war. Die Einsichtigen, Besonnenen, Mäßigen, Tapferen und Gerechten, von denen es immer nur wenige gibt, sollten über die Unbesonnenen, die nur ihren Interessen nachgehen, herrschen – nicht, um ihre eigenen Interessen durchzusetzen, sondern um allen Menschen im Staat die ihren Voraussetzungen entsprechenden, bestmöglichen Entwicklungschancen zu bieten.

Die Demokratie dagegen war für die Pythagoreer eine Staatsform, bei der Gruppeninteressen über das spirituelle Wohl der Gemeinschaft gestellt wurden. Dass es jedoch Demokratie auch unter den „Besten“ geben kann, bewiesen die Pythagoreer selbst in ihrer Gemeinschaft. Jeder war durch das Band einer spirituellen Freundschaft mit allen anderen verbunden, trug nach seinen Fähigkeiten zum Wohl der Gemeinschaft bei und empfing nach seinen Möglichkeiten.

Hippasos aber war für Demokratie auch im Staat. Vielleicht sah er in der damaligen politischen Situation Krotons tatsächlich berechtigte Interessen des Volkes nicht berücksichtigt – so etwas ist bei der Unvollkommenheit aller menschlichen Verhältnisse auch in der besten Aristokratie möglich. Vielleicht traute er die Freiheit, die der Pythagoreer erst nach langer Selbsterziehung gewann, anderen in kürzerer Frist zu und wollte ihnen durch die demokratische Verfassung ihre „Einübung" ermöglichen. Aber in den Augen seiner Gefährten nahm sich das als unrealistische Schwärmerei aus und als Verrat an den Prinzipien des Meisters.

Derselbe Hippasos soll „erstmals schriftlich das Geheimnis der einem Pentagon-Dodekaeder umbeschriebenen Kugel an die Öffentlichkeit gebracht haben" (J 88), also eine stereometrische Erkenntnis: dass der Dodekaeder einer Kugel einbeschrieben werden kann und zu den fünf neben der Kugel überhaupt existierenden regelmäßigen Körpern gehört. Nach anderen Informanten, so berichtet Jamblichos (J 247), habe Hippasos das Geheimnis des Irrationalen und Inkommensurablen verraten.

Die Pythagoreer sollen ihn deshalb „so tief verabscheut haben, dass sie ihn nicht nur aus der Lehr- und Lebensgemeinschaft ausschlossen, sondern ihm auch ein Grabmal errichteten mit der Begründung, ihr einstiger Gefährte sei aus dem Leben unter Menschen ausgeschieden" (J 247). Warum eine so harte Reaktion? Wir Heutigen sind daran gewöhnt, dass Wissenschaftler ihre Erkenntnisse allen zur Verfügung stellen, und wenn sie sie zurückhalten oder gar zu Gewinnzwecken patentieren lassen, nehmen wir ihnen das übel. Vielleicht beging Hippasos ein Plagiat und nahm den Ruhm einer mathematischen Entdeckung, der Pythagoras gebührte, für sich in Anspruch. Aber auch dann ist die extreme Haltung seiner Gefährten noch nicht verständlich. Was hat es mit der Geheimhaltungspraxis der Pythagoreer auf sich?

Mathematische Erkenntnisse waren bei den Pythagoreern Ausdruck spiritueller Erfahrungen. Die bewusste Erfahrung einer kosmischen Gesetzmäßigkeit, eines Aspektes der „Sphärenharmonien", wurde umgesetzt in einen mathematischen Lehrsatz oder durch ein Zahlensymbol ausgedrückt. Umgekehrt konnte dann das Symbol oder der Lehrsatz begünstigend auf das Erleben des spirituellen Zusammenhangs wirken. Entscheidend war dabei immer das spirituelle Erlebnis. Es war den Pythagoreern heilig. Wurde nun das daran gekoppelte Symbol Menschen mitgeteilt, die auf eine solche spirituelle Erfahrung nicht vorbereitet waren, so wurde es profaniert und seiner eigentlichen Funktion beraubt. Es selbst wurde entweiht, erst recht wurde das Heilige, dessen Ausdruck es war und von dem allein es Sinn erhielt, entweiht.

Wir Heutigen wissen, welche Folgen es hat, wenn sich Wissenschaft verselbstständigt, zu einem bloßen Spiel wird oder von den spirituellen Zusammenhängen des Daseins abgekoppelt wird. Genau das geschah aber durch den Verrat des Hippasos. Er erkannte offenbar nicht mehr den Sinn der Geheimhaltungspraxis der Pythagoreer, oder dieser Sinn war ihm wenig wert: das Heilige vor Profanierung zu schützen und zu verhindern, dass das bloß Formelhafte, Äußere, ein Eigenleben gewann, ohne an die spirituellen Prinzipien des Daseins gebunden zu sein. Die regelmäßigen Körper sind, wie Platon gut pythagoreisch ausführt, Symbole für die großen Weltelemente: Erde, Wasser, Luft, Feuer, Äther.[33] Wer das Wesen dieser Weltelemente in sich und um sich *erlebt*, nicht nur beobachtet, kann den Zusammenhang zwischen Symbol und Wirklichkeit erleben. Das Symbol drückt dann sein Erlebnis der Einheit mit einem bestimmten Weltelement aus und kann umgekehrt das Erlebnis dieser Einheit anregen. Dazu aber bedarf es langer innerer Vorbereitung.

Das gleiche gilt für das Irrationale und Inkommensurable. Es ist mathematisches Symbol für die Welt des Geistes überhaupt, die der Wirklichkeit der Sinneserscheinungen inkommensurabel ist. Wer diese Unvereinbarkeit und Andersartigkeit erlebt und erfährt, wird von einem Schauder vor dem gegenwärtigen Zustand des Menschen und von Ehrfurcht vor der Welt des Geistes ergriffen. Eine Profanierung und Verselbstständigung des Symbols kommt für ihn einer Entweihung dieser Erfahrung gleich. So müssen die Pythagoreer beim Verrat des Hippasos empfunden haben, und die Geschichte, die Jamblichos erzählt, dass Hippasos „als Gottloser im Meer umgekommen" sei (J 88), muss ihnen, ob wahr oder unwahr, sehr folgerichtig vorgekommen sein.

Lysis, einer der beiden Pythagoreer, die der Katastrophe der zweiten Verfolgung in Kroton (450) entronnen waren und der später als Lehrer des Epaminondas in Theben wirkte, schrieb an Hippasos[34]:

„Es heißt, dass Du öffentlich und vor der großen Menge die Philosophie lehrst, was Pythagoras durchaus verboten hat, wie Du es wohl, o Hipparchos, mit großem Ernst gelehrt wurdest, was Du aber nun hintansetzt, seitdem Du, mein Lieber, die sizilische Schlemmerei gekostet hast, der Du nicht hättest unterliegen sollen. Dass nach dem Abscheiden des Pythagoras die Versammlung der Schüler je zerstreut werden würde, ist mir nie in den Sinn gekommen. Da wir aber nun wider alles Erwarten, wie nach dem Scheitern eines großen Frachtschiffes auf dem öden Meer, der eine hierhin, der andere dorthin verschlagen worden sind, so hätte es uns doch billig ein Heiligtum sein sollen, der göttlichen und verehrungswürdigen Ermahnungen von ihm (Pythagoras) eingedenk zu sein, und nicht die edlen Schätze der Weisheit unter Menschen gemein zu machen, die auch nicht einen Dämmerschein von Reinheit in ihrer Seele haben. Es ist wahrlich nicht geziemend, der Menge vorzuwerfen, was mit so großen Anstrengungen erworben wurde, ebenso wenig wie an Uneingeweihte die Mysterien der eleusinischen Göttinnen auszuplaudern. Ganz gleich ruchlos und gottvergessen sind beide, die so etwas tun. Es wäre vielmehr schön gewesen, wenn Du überlegt hättest, welche lange Strecke der Zeit wir selbst durchmessen haben, um die Flecken abzuwaschen, die in unseren Gemütern hafteten, bis wir endlich nach Verlauf von Jahren dahin gelangten, seiner Lehre teilhaftig zu werden. Denn wie die Färber die Gewänder, welche gefärbt werden sollen, vorher erst reinigen und beizen, damit sie die Farben so einsaugen, dass sie nicht wieder ausgewaschen werden und verbleichen können, auf die nämliche Weise hat auch jener wunderbare Mann die Gemüter der nach Wissen Durstenden vorher erst zubereitet, damit er sich nicht in *einem* von denen getäuscht fände, von denen er hoffte, dass sie brave und edle Männer würden ... Wenn Du also Deinen Sinn änderst, so soll es mich freuen; wo nicht, so bist Du für mich tot."[35]

Hippasos begründete eine eigene mathematische Schule, womit eine weitere Spaltung unter den Pythagoreern etabliert war, eine Spaltung nicht nur auf Grund unterschiedlicher Theorien, sondern weit prinzipiellerer Art. Ab jetzt war die Einstellung des Pythagoras, Spiritualität und Wissenschaft unauflöslich miteinander zu verknüpfen und durch Geheimhaltung zu schützen, aufgeweicht, und in Zukunft nahmen Spiritualität und Wissenschaft eigene Wege.

Bei Platon waren sie noch miteinander verbunden gewesen. Später aber gewann die Wissenschaft, die Beobachtung der Erscheinungen und deren Verknüpfung durch Logik und Mathematik, ein immer größeres Eigenleben, fast bis zur Verdrängung der Spiritualität, ja zur Verächtlichmachung der Spiritualität als Aberglauben. Erst in heutiger Zeit gibt es Tendenzen, beide Aspekte wieder einander anzunähern.

Auflösung

Verfolgung von außen, Spaltung von innen: Ab 500 zeigten sich deutliche Auflösungserscheinungen in der Gemeinschaft der Pythagoreer. Jamblichos gibt Berichte zweier Autoren darüber wieder. Im einen heißt es: „Sie bewahrten ihre ursprünglichen Sitten und Lehren, indessen wurde ihre Schule allmählich kleiner, bis sie ehrenvoll untergingen“ (J 251). Im andern: „Damals ging zusammen mit den Wissenden auch ihr Wissen unter, da sie es bisher unausgesprochen in der Brust bewahrt hatten; und nur Schwerverständliches und Unerklärtes wurde bei den Außenstehenden weiter überliefert, außer ganz Wenigem – schwachen und schwer aufzuspürenden Fünklein, die bei manchen bewahrt blieben, die gerade in der Fremde geweilt hatten.

Diese blieben einsam, durch das Geschehene völlig entmutigt. Sie wurden verstreut – der eine hierhin, der andere dorthin – und wollten keinem Menschen mehr eine ihrer Lehren mitteilen. Sie führten ein Einsiedlerleben, wo es sich gerade traf, lebten meist ganz abgeschlossen, und jedem war der Umgang mit sich selbst lieber als alles andere“ (J 252/253).

Ab 450

Beide Berichte klingen sehr negativ. Eine in sich geschlossene, blühende spirituelle Schule waren die Pythagoreer nach 450 tatsächlich nicht mehr. Aber Teilgemeinschaften arbeiteten weiter. Jamblichos listet gegen Schluss seines Berichtes Pythagoreer in verschiedenen Städten auf. Stärkere Gruppen scheint es in Kyrene in Nordafrika, in Phlius und in Tarent in Italien gegeben zu haben. Und wenn man bedenkt, welchen Einfluss das pythagoreische Denken auf Platon und seine Schule gehabt hat, ist der pessimistische Gedanke, das Werk des Pythagoras sei mehr oder weniger untergegangen, gewiss nicht berechtigt. Auch in späteren Jahrhunderten lebte der Pythagoreismus immer wieder auf, auch institutionell.

Im Jahr 209 vor Christus zum Beispiel kam Cato der Ältere nach Tarent zum Pythagoreer Nearchos und wurde Anhänger der pythagoreischen Lebensweise und Lehre. Wieder ein gutes Jahrhundert später, im Jahr 70 vor Christus, gründete Nigidius Figulus, ein Freund Ciceros, in Rom eine neue pythagoreische Bruderschaft, die Neupythagoreer, und 50 nach Christus, zur Regierungszeit des Kaisers Claudius, errichteten diese Neupythagoreer eine unterirdische Basilika bei Rom, die im Jahr 1917 vollständig ausgegraben wurde. Mindestens sechs Jahrhunderte lang lebte nach Pythagoras also die pythagoreische Tradition weiter![36]

Auch die pythagoreische Literatur blieb lebendig. Nach Diogenes Laërtios (DL 6) befanden sich, wie erwähnt, noch um 170 vor Christus mehrere Bücher des Pythagoras in der Bibliothek zu Alexandria, unter anderem die „Heilige Rede“ in ionischen Hexametern; „Über das Weltall“ (ebenfalls in Hexametern); „Über die Seele“; „Über die Frömmigkeit“. Bei unzähligen antiken Schriftstellern – neben Jamblichos und Porphyrios seien noch Hierocles von Alexandria und Proclus Arabus genannt – standen die Goldenen Verse in hohen Ehren und wurden kommentiert. Sie wurden mehrere Male ins Arabische übersetzt (zwischen 800 und 1050) und schließlich zur Zeit der Renaissance von Aldus Mauritius 1494 in Venedig publiziert. Seitdem sind sie nicht mehr wegzudenkender Bestandteil des geistigen Lebens der Neuzeit.

Anmerkungen

[1] Zitiert wird Jamblichos im folgenden nach der Übersetzung von Michael von Albrecht, *Pythagoras – Legende, Lehre, Lebensgestaltung* (griechisch und deutsch), Artemis, Zürich 1963. J = Jamblichos, die Zahl dahinter bezeichnet den jeweiligen Abschnitt des Werkes.

[2] Zitiert wird nach der griechischen Ausgabe, hrsg. von E. des Places, Paris 1982. P = Porphyrios, die Zahl dahinter bezeichnet den jeweiligen Abschnitt des Werkes.

[3] Diogenes Laërtios, *Leben und Lehre der Philosophen*, Buch VIII, übersetzt von Fritz Jürß, Stuttgart 1998. DL = Diogenes Laërtios, die Zahl dahinter bezeichnet den jeweiligen Abschnitt des Werkes.

[4] Vgl. B. L. van der Waerden, *Die Pythagoreer – religiöse Bruderschaft und Schule der Wissenschaft*, Artemis, Zürich 1979, S. 15 – 50.

[5] Eduard Röth, *Geschichte unserer abendländischen Philosophie Band* II, Heidelberg 1858.

[6] B. L van der Waerden, *Die Pythagoreer*, a.a.O.

[7] Lukas 1, 26-32.

[8] Eduard Baltzer, *Pythagoras – der Weise von Samos*, Nordhausen 1868.

[9] Aristoteles, zitiert bei Jamblichos, 162.

[10] Ders., *De Caelo*, 290 B.

[11] Zitiert nach B. L. van der Waerden, a. a. O., S. 252.

[12] Zitiert nach B. L. van der Waerden, a. a. O., S. 205.

[13] Vgl. auch Eduard Röth, a. a. O., S. 595 – 608, und van der Waerden, a. a. O.: „Einweihungen ... nämlich Mysterienkulte, die in Phönizien und Ägypten schon zur Zeit des Pythagoras existierten und nach deren Vorbild die Riten des Pythagoreerbundes eingerichtet waren“ (S. 95).

[14] Herodot, *Historien II*, 81.

[15] Diodor, Historische Bibliothek IV, 25.

[16] Siehe van der Waerden, a. a. O., S. 96.

[17] Herodot, *Historien II*, 37.

[18] Platon, *Politeia*, 617 B.

[19] Aristoteles, *Metaphysik*, 985 b.

[20] Platon, *Politeia*, 525 B – 526 B.

[21] Ebda, 529 E.

[22] Ebda, 526 E – 527 B.

[23] Ebda, 529.

[24] Dass die Pythagoreer „absolute astrologische Fatalisten" gewesen seien (van der Waerden, a. a. O., S. 265), ist demnach nicht haltbar. Auch in den *Goldenen Versen* heißt es: „Verbessere das Schicksal, so gut du kannst" (Vers 19).

[25] Die *Goldenen Verse* werden hier in der Übersetzung von H. Schmitz zitiert, abgedruckt in B. L. van der Waerden, a. a. O. Dabei wurden einige Änderungen vorgenommen. In Vers 47 wurde das „Wahrlich" durch ein „Nein" ersetzt. Die Variante mit „Nein" findet sich in vielen antiken Zitaten (vgl. van der Waerden S. 155 f) und scheint die ältere zu sein.
Zwei weitere Änderungen gehen auf die englische Übersetzung von Johan C. Thom, *The Pythagorean Golden Verses* (Leiden 1995), zurück. (Thoms Buch ist die jüngste Untersuchung der Goldenen Verse, schließt die Ergebnisse der früheren Forschungen mit ein und gewichtet sie. Es enthält eine vorzügliche wissenschaftliche Darstellung der Geschichte der Verse und ausführliche philologische Analysen.) Die diesem Buch entnommenen Änderungen sind:
Vers 45: „Darin mühe dich, darauf besinne dich, danach sehne dich"
statt
„Darin mühe dich, darin übe dich, dies sollst du lieben".
Vers 50 – 51: „erkennst du die Essenz der unsterblichen Götter und sterblichen Menschen: wie sie alles durchdringt und alles von ihr regiert wird"

statt
„Erkennst du die Beziehung zwischen den unsterblichen Göttern und den sterblichen Menschen: wie ein jedes vergeht und Bestand hat."

[26] Platon, a. a. O., Buch IV.

[27] Zitiert bei van der Waerden, a. a. O., S. 180.

[28] Zitiert bei van der Waerden, a. a. O., S. 206.

[29] Zitiert bei Eduard Baltzer, a. a. O., S. 168.

[30] Zitiert bei van der Waerden, a. a. O., S. 218.

[31] B. L. van der Waerden, a. a. O., S. 75.

[32] Ebda, S. 75.

[33] Platon, *Timaios*, 53 – 56.

[34] Als Adressat wird im Brief zwar Hipparchos genannt, aber in Anbetracht des Inhalts kann nur Hippasos gemeint sein. Der Brief ist offenbar eine spätere Komposition, da Lysis weit jünger als Hippasos gewesen sein muss. Auch Diogenes Laërtios hat „Hippasos" (42).

[35] Jamblichos 75, zitiert in der Übersetzung von Eduard Baltzer, a. a. O., S. 137f.

[36] Vgl. B. L. van der Waerden, a. a. O., S. 270.

Bücher im Versand – Angebot des Königsdorfer Verlag:

Andere Bücher von Konrad Dietzfelbinger (Autor, bzw Hrsg.):

Apokryphe Evangelien aus Nag Hammadi
Edition Argo, Königsdorfer Verlag, 2004. 270 S., Ebr., ISBN 3-9807847-3-8 € 16,00

Schöpfungsberichte aus Nag Hammadi
Edition Argo, Dingfelder Verlag, 1989. 360 S., Ebr., ISBN 3-926253-16-9 € 18,60

Erlöser und Erlösung, Texte aus Nag Hammadi
Edition Argo, Königsdorfer Verlag, 2005. 424 S., Br., ISBN 3-9807847-4-6 € 20,00

Erleuchtung, Texte aus Nag Hammadi
Edition Argo, Dingfelder Verlag, 1994. 330 S., Ebr.,ISBN 3-926253-22-3 € 15,60

Die Bibel
Diederichs Verlag München, 2001. 119 S., Pb., ISBN 3-7205-2265-2 € 6,90

Mysterienschulen
Diederichs Verlag München, 1997. 325 S., Pb,. ISBN 3-424-01355-2 € 14,50

Die Geistesschule des Goldenen Rosenkreuzes
Dingfelder Verlag, 1999. 227 S., Pb., ISBN 3-926253-52-5 € 21,50

Der spirituelle Weg des Christentums– Das Markusevangelium als Modell
Diederichs Verlag München, 1998. 645 S., Ln., ISBN 3-424-01403-6 € 15,00

Die Geburt des wahren Selbst im Menschen – die Botschaft Jesu im Lukasevangelium
Verlag Via Nova, 2003. 516 S.,
Hc., ISBN 3-936486-28-X *€ 29,80*

Schopenhauers Vermächtnis
Edition Argo, Dingfelder Verlag 1988. 225 S.,
Ebr., ISBN 3-926253-10-X *€ 12,80*

Jakob Wirz – Lehren der himmlischen Weisheit
Edition Argo, Dingfelder Verlag, o.A.. 231 S.,
Ebr., ISBN 3-926253-04-5 *€ 15,60*

J.W.v. Goethe – Das Märchen – Die Geheimnisse
Edition Argo, Dingfelder Verlag, 1990. 223 S.,
Ln.,. ISBN 3-926253-21-5 *€ 21,50*

Kafkas Geheimnis – Eine Interpretation v. F. Kafkas „Betrachtungen ü. Sünde, Leid, Hoffnung u.d. wahren Weg"
Aurum Verlag, 1987. 270 S.,
Hc., ISBN 3-591-08241-4 *€ 15,00*

C. G. Carus – Über Lebensmagnetismus u. ü. d. magischen Wirkungen...
Edition Argo, Dingfelder Vlg. 1986. 270 S.,
Ebr.,ISBN 3-926253-00-2 *€ 15,60*

F.W.J. Schelling – Clara – über den Zusammenhang der Natur mit der Geisterwelt
Edition Argo, Dingfelder Verlag, 1986. 208 S.,
Ebr.,. ISBN 3-926253-02-9 *€ 12,80*

Bücher, erschienen im Königsdorfer Verlag:

Unterwegs ***von Lothar Hoppe***
Königsdorfer Verlag, 2003. 218 S.,
Pb., ISBN 3-9807847-2-X *€ 16,00*

Gemeinschaftliches Leben ***von Johannes Müller***
Königsdorfer Verlag, 2002. 105 S.,
Pb., ISBN 3-9807847-1-1 *€ 12,00*

Zyklen ***von Orestis Terzidis***
Königsdorfer Verlag, 2001. 98 S.,
Ebr.,ISBN 3-9807847-0-3 *€ 15,30*

Apokryphe Evangelien aus Nag Hammadi
Edition Argo, Königsdorfer Verlag, 2004. 270 S.,
Br., ISBN 3-9807847-3-8 *€ 16,00*

Erlöser und Erlösung, Texte aus Nag Hammadi
Edition Argo, Königsdorfer Verlag, 2005. 424 S.,
Br., ISBN 3-9807847-4-6 *€ 20,00*